Español en marcha 1

Curso de español como lengua extranjera

Libro del alumno

Francisca Castro Viúdez
Pilar Díaz Ballesteros
Ignacio Rodero Díez
Carmen Sardinero Franco

Español Lengua Extranjera

SOCIEDAD GENERAL ESPAÑOLA DE LIBRERÍA, S. A.

Primera edición, 2005
Tercera edición, 2006

Produce SGEL – Educación
Avda. Valdelaparra, 29
28108, ALCOBENDAS (MADRID)

© Salvador Dalí. Fundación Gala - Salvador Dalí. VEGAP. Madrid, 2006. Pág 83.
© Sucesión Pablo Picasso. VEGAP. Madrid, 2006. Pág 83
© Wilfredo Lam. VEGAP. Madrid, 2006 Pág 83.
© Francisca Castro, Pilar Díaz, Carmen Sardinero, Ignacio Rodero.
© Sociedad General Española de Librería, S. A., 2004
  Avda. Valdelaparra, 29, 28108 ALCOBENDAS (MADRID).

Diseño de cubierta: Fragmenta comunicación S.L.
Diseño de interiores: Fragmenta comunicación S.L.
Maquetación: Verónica Sosa y Leticia Delgado
Ilustraciones: Maravillas Delgado
Fotografías: Héctor de Paz, Jesús García Bernardo, Birgitta Fröhlich, Archivo SGEL, Cordon Press, S. L.

ISBN: 84-9778-191-0
Depósito legal: M-41205-2006
Printed in Spain – Impreso en España.

Impresión: Orymu, S.A. - Ruiz de Alda, 1 - Pinto (Madrid)

Presentación

Español en marcha es un manual en cuatro niveles que abarca los contenidos correspondientes a los niveles A1, A2 y B1 del *Marco común europeo de referencia*. Al final de este primer tomo los estudiantes podrán comunicarse de forma elemental, pero correctamente, en pasado (pretérito indefinido), presente y futuro (*voy a* + infinitivo), y conocerán aproximadamente unas 1.000 palabras fundamentales. Además, podrán dar información básica sobre sí mismos y sobre los otros, así como desenvolverse en una serie de situaciones prácticas.

Cada una de las 10 unidades está compuesta de:

- Tres apartados (A, B y C) de dos páginas cada uno, en los que se presentan, desarrollan y practican los contenidos lingüísticos citados al inicio de cada uno de ellos. Cada apartado sigue una secuencia cuidadosamente graduada desde la presentación de las muestras de lengua hasta una actividad final de producción. A lo largo de cada unidad, el alumno tendrá la oportunidad de desarrollar todas las destrezas (leer, escuchar, escribir y hablar) así como de trabajar en profundidad la gramática, el vocabulario y la pronunciación, en una serie de tareas que van desde las más dirigidas a las más libres.

- Un apartado de *Autoevaluación,* con actividades destinadas a recapitular y consolidar los objetivos de la unidad, y donde se incluye un test con el que el alumno podrá evaluar su progreso según los descriptores del *Portfolio europeo de las lenguas.*

- El apartado *De acá y de allá,* que contiene información del mundo español e hispanoamericano y tiene como objetivo desarrollar la competencia tanto sociocultural como intercultural del estudiante.

Al final de las unidades se incluyen las transcripciones de las grabaciones de los CD, una referencia gramatical ordenada según ha ido apareciendo en las unidades, una tabla con los verbos regulares e irregulares más frecuentes y, lo más interesante, un conjunto de tareas de "vacío de información" para desarrollar la expresión oral en parejas.

Español en marcha puede ser utilizado tanto en clases intensivas (de tres o cuatro horas diarias), como en cursos impartidos a lo largo de todo un año.

contenidos

A. ¡Hola! Me llamo Maribel

1. Lee y escucha. **1**

PROFESORA: ¡Hola!, me llamo Maribel y soy la profesora de español. Vamos a presentarnos. A ver, empieza tú, ¿cómo te llamas?

ESTUDIANTE 1: Me llamo Christian.

PROFESORA: ¿De dónde eres, Christian?

ESTUDIANTE 1: Soy alemán, de Berlín.

ESTUDIANTE 2: Yo me llamo Elaine y soy brasileña.

SALUDOS

¡Hola!

Buenos días

Buenas tardes

Buenas noches

2. Practica con tus compañeros.

- ¡Hola!
- ¿Cómo te llamas?
- ¿De dónde eres?

- *¡Hola!*
- *Me llamo* _____
- *Soy (de)* _____

3. Completa con el nombre de tu país y tu nacionalidad.

1. Alemania	alemán	alemana
2. Brasil	brasileño	brasileña
3. España	español	española
4. Francia	francés	francesa
5. _____	_____	_____

B. ¿Cómo se escribe? ¿Cómo se pronuncia?

4. Escucha y repite. **2**

VOCALES

A	E	I	O	U
a	e	i	o	u

CONSONANTES

Mayúscula	minúscula	nombre	sonido	ejemplos
B	b	(be)	/b/	abuelo, bien
C	c	(ce)	c + a, o, u = /k/	casa, cuatro
			c + e, i = /θ/	cine, cerrado
CH	ch	(che)	/tʃ/	chocolate
D	d	(de)	/d/	día, dos
F	f	(efe)	/f/	fumar
G	g	(ge)	g + a, o, u = /g/	gato, pago, agua
			gu + e, i = /g/	guerrero, guitarra
			g + e, i = /x/	genio, giro
H	h	(hache)	–	hotel, hospital
J	j	(jota)	/x/	jefe, jirafa
K	k	(ka)	/k/	kilogramo
L	l	(ele)	/l/	león, limón
Ll	ll	(elle)	/λ/	llave, camello, lluvia
M	m	(eme)	/m/	Madrid, mira
N	n	(ene)	/ŋ/	nada, no
Ñ	ñ	(eñe)	/n/	niña, año
P	p	(pe)	/p/	pan, pera
Q	q	(cu)	qu + e, i /k/	quince, queso
R	r	(ere, erre)	/r/	pera, Corea,
			/rr/	rosa, ramo, arroz
S	s	(ese)	/s/	casa, sol, paseo
T	t	(te)	/t/	tomate, tú
V	v	(uve)	/b/	vaca, ven, vino
W	w	(uve doble)	/u//b/	William, wolframio
X	x	(equis)	/ks/	examen, éxito
Y	y	(i griega)	/i/	(Juan) y (Luis)
			/y/	yogur, yo
Z	z	(zeta)	z + a, o, u = /θ/	zapato, cazo, azul

5. Escucha. `3`

ca	casa	ga	gato	za	zapato	ja	jamón
que	queso	gue	guerra	ce	cerrado	je/ge	jefe/genio
qui	quiero	gui	guitarra	ci	cine	ji/gi	jirafa/gitano
co	color	go	agosto	zo	zoo	jo	jota
cu	cuatro	gu	agua	zu	azul	ju	julio

¿Con B o con V?

(En Latinoamérica: b = be larga; v = be corta)
Valencia, **B**ilbao, Isa**b**el, **V**icente.

¿Con G o con J?

Genio, ro**j**o, **j**irafa, **g**itana.

¿Con H o sin H?

Hotel, agua, **h**uevo, **h**elado.

Sílaba tónica

Si la palabra lleva tilde, ésta indica la sílaba tónica.

ca**fé**   **mé**dico   **ár**bol

Si no hay tilde, se pronuncia más fuerte la última cuando la palabra acaba en consonante (excepto **n** y **s**).

Ma**drid**   espa**ñol**   ha**blar**

Se pronuncia más fuerte la penúltima si la palabra termina en vocal, en **n** o **s**.

jefe   ven**ta**na   e**xa**men   **cri**sis

---

6. Escucha y señala la palabra que deletrean. `4`

1. ROMERO ☑   RODERO ☐
2. DÍEZ ☐   DÍAZ ☐
3. GONZÁLEZ ☐   GONZALVO ☐
4. RIBERA ☐   RIVERA ☐
5. JIMÉNEZ ☐   GIMÉNEZ ☐
6. PADÍN ☐   BADÍN ☐

7. Piensa y escribe en tu cuaderno el nombre de un río, de una ciudad, de un cantante extranjero, de una montaña y de un océano. Deletrea esos nombres a tu compañero/a. Tu compañero/a los escribe.

A. *E-uve-e-ere-e-ese-te*
B. *EVEREST.*

8. Subraya la sílaba tónica de las palabras del recuadro.

alemán – alemana – japonés – profesor
estudiante – profesora – brasileño
hospital – estudiar – profesora – libro
lección – compañero – madre

9. Escucha, comprueba y repite. `5`

Para la clase

¿Puede repetir, por favor?

¿Cómo se dice *"orange"* en español?

¿Cómo se escribe?

Perdone, no entiendo.

¿Qué significa "arroz"?

C. Mapas de España y América

A Coruña
Santiago de Compostela
Lugo
GALICIA
Pontevedra
Ourense
Oviedo
ASTURIAS
Santander
CANTABRIA
León
Palencia
Zamora
Valladolid
CASTILLA Y LEÓN
Bilbao
S. Sebastián
PAÍS VASCO
Vitoria
Burgos
Logroño
LA RIOJA
Soria
Pamplona
NAVARRA
Huesca
Zaragoza
ARAGÓN
FRANCIA
ANDORRA
Girona
CATALUÑA
Lleida
Barcelona
Tarragona
Segovia
Salamanca
Ávila
MADRID
MADRID
Guadalajara
Cuenca
Teruel
Castellón
PORTUGAL
Cáceres
Toledo
EXTREMADURA
Mérida
Badajoz
CASTILLA - LA MANCHA
Ciudad Real
Albacete
VALENCIA
Valencia
Alicante
Palma de Mallorca
ISLAS BALEARES
Córdoba
Jaén
Murcia
MURCIA
Huelva
Sevilla
ANDALUCÍA
Granada
Cádiz
Málaga
Almería
Ceuta
Melilla
ARGELIA
MARRUECOS

ISLAS CANARIAS
Santa Cruz de Tenerife
Las Palmas

◉ CAPITAL DEL PAÍS
● Capital autonómica
○ Capital de provincia

El español o castellano es la lengua oficial de España y de 19 países latinoamericanos. Es la tercera lengua más hablada después del chino y del inglés; la hablan más de 300 millones de personas.

El español viene del latín, igual que el francés, el italiano, el portugués y el rumano. En España, también son lenguas oficiales el catalán, el gallego y el euskera.

GENTILICIOS ESPAÑOLES

andaluz / andaluza
aragonés / aragonesa
asturiano /asturiana
balear / balear
canario / canaria
cántabro / cántabra
catalán / catalana
castellanoleonés / castellanoleonesa
castellanomanchego / castellanomanchega

extremeño / extremeña
gallego / gallega
madrileño / madrileña
murciano / murciana
valenciano / valenciana
vasco / vasca

Canadá

OTTAWA

Estados Unidos

WASHINGTON

Océano Atlántico

Mar Caribe

Bahamas

NASSAU

México

CIUDAD DE MÉXICO

LA HABANA

Cuba

República
Dominicana

SANTO DOMINGO

KINGSTON   Haití   SAN JUAN

Jamaica   PUERTO   Puerto

PRÍNCIPE   Rico   Barbados

Granada

CARACAS   Trinidad y Tobago

GEORGETOWN

Venezuela   PARAMARIBO

SANTA FE   Guyana   CAYENA

DE BOGOTÁ   Guayana Francesa

Colombia   Surinam

Ecuador

QUITO

Perú   Brasil

LIMA

Bolivia   BRASILIA

LA PAZ

Paraguay

ASUNCIÓN

Argentina

Chile   Uruguay

SANTIAGO   MONTEVIDEO

DE CHILE   BUENOS AIRES

México

Belize

BELMOPÁN

Mar Caribe

Guatemala   Honduras

GUATEMALA   TEGUCIGALPA

SAN SALVADOR

El Salvador   Nicaragua

MANAGUA

Costa Rica

SAN JOSÉ   PANAMÁ

Océano Pacífico   Panamá

Colombia

GENTILICIOS HISPANOAMERICANOS

argentino / argentina
boliviano / boliviana
colombiano / colombiana
costarricense / costarricense
cubano / cubana
chileno / chilena
dominicano / dominicana
ecuatoriano / ecuatoriana
guatemalteco / guatemalteca
hondureño / hondureña

mexicano / mexicana
nicaragüense / nicaragüense
panameño / panameña
paraguayo / paraguaya
peruano / peruana
puertorriqueño / puertorriqueña
salvadoreño / salvadoreña
uruguayo / uruguaya
venezolano / venezolana

C

Presentar y saludar.

A. ¡Encantado!

1. Mira las fotos y señala dónde están.

a) En una cafetería _____

b) En clase _____

c) En una oficina _____

2. Lee y escucha. **6**

A.

RENATE:	¡Hola, Anil! ¿qué tal?
ANIL:	Bien, ¿y tú?
RENATE:	Muy bien. Mira, esta es Safiya, una nueva compañera, es nigeriana.
ANIL:	¡Hola! ¡Encantado! ¿Eres de Lagos?
SAFIYA:	Sí, pero ahora vivo en Madrid.

B.

DÍAZ:	¡Buenos días!, señor Álvarez, ¿qué tal está?
ÁLVAREZ:	Muy bien, gracias. Mire, le presento a Marta Rodríguez, la nueva directora.
DÍAZ:	Encantado de conocerla, yo me llamo Gerardo Díaz, y soy el responsable de administración.
MARTA:	Mucho gusto, Gerardo.

3. Completa.

LUIS:	¡Hola, Eva! ¿_____?
EVA:	Bien, ¿_____?
LUIS:	Muy bien. _____ este es Roberto, un compañero nuevo.
EVA:	_____ . ¿De dónde_____?
ROBERTO:	Soy cubano.

4. Escucha y comprueba. **7**

COMUNICACIÓN

Informal

– *¡Hola!, ¿qué tal?*
– *Bien, ¿y tú?*
– *¿Cómo te llamas?*
– *Esta es Celia. Este es Roberto.*

Formal

– *¡Buenos días!, señor Jiménez, ¿cómo está usted?*
– *Muy bien, gracias.*
– *Le presento al señor Rodríguez.*
– *¡Encantado/a! Mucho gusto.*

1
A

HABLAR

5. Pregunta el nombre a dos compañeros formalmente.

A. *¿Cómo se llama usted?*

B. *Philip Schmidt.*

A. *¿Y usted?*

C. *Richard Burton.*

6. Presenta unos a otros.

A. *Sr. Schmidt, este es el Sr. Burton.*

B. *Mucho gusto.*

C. *Encantado.*

GRAMÁTICA

Género de los adjetivos de nacionalidad

Masculino	Femenino
italian**o**	italian**a**
español	español**a**
estadounidens**e**	estadounidens**e**
marroqu**í**	marroqu**í**

7. Completa.

1. chileno	*chilena*
2. _____	española
3. inglés	_____
4. iraní	_____
5. _____	sudafricana
6. estadounidense	_____
7. brasileño	_____

8. Mira las fotos y completa con la información de los recuadros.

Julio Iglesias – Shirin Ebadi – Juan Carlos
Pelé – Joanne K. Rowling – Nicole Kidman

escritora – jurista – actriz
cantante – futbolista – rey

español – iraní – brasileño
inglesa – australiana – español

Se llama Julio Iglesias.
Es cantante.
Es español.

Se llama _____

_____

_____

_____

_____

_____

_____

_____

_____

_____

_____

_____

_____

_____

9. Comprueba con tu compañero.

| Profesiones.

B. ¿A qué te dedicas?

VOCABULARIO

1. Escribe la letra correspondiente.

1. peluquera a
2. profesor ☐
3. médica ☐
4. camarero ☐

5. ama de casa ☐
6. taxista ☐
7. cartera ☐
8. actriz ☐

2. Escucha y repite. 8

3. Escoge una profesión. Pregunta a tres compañeros.

A. *¿A qué te dedicas?*
B. *Soy médico, ¿y tú?*
A. *Yo soy abogada.*

GRAMÁTICA

Género de los nombres de profesión

Masculino	Femenino
camarero	camarera
profesor	profesora
estudiante	estudiante
presidente	presidenta
economista	economista

4. Escribe el femenino.

1. El vendedor	la *vendedora*
2. El secretario	la _____
3. El conductor	la _____
4. El cocinero	la _____
5. El futbolista	la _____

LEER

5. Escucha y lee. 9

Me llamo Manolo García. Soy médico. Soy sevillano, pero vivo en Barcelona. Trabajo en un hospital. Mi mujer se llama Amelia, es profesora y trabaja en un instituto. Ella es catalana. Tenemos dos hijos, Sergio y Elena; los dos son estudiantes. Sergio estudia en la universidad, y Elena, en el instituto.

6. Responde.

1. ¿A qué se dedica Manolo? *Es médico.*
2. ¿De dónde es Manolo?
3. ¿Dónde viven?
4. ¿Dónde trabaja Amelia?
5. ¿De dónde es Amelia?
6. ¿Cuántos hijos tienen?
7. ¿Qué hacen los hijos?

GRAMÁTICA

Presente de verbos regulares

	Trabajar	Comer	Vivir
yo	trabajo	como	vivo
tú	trabajas	comes	vives
él/ella/usted	trabaja	come	vive
nosotros/as	trabajamos	comemos	vivimos
vosotros/as	trabajáis	coméis	vivís
ellos/ellas/ustedes	trabajan	comen	viven

Presente de verbos irregulares

	Ser	Tener
yo	soy	tengo
tú	eres	tienes
él/ella/usted	es	tiene
nosotros/as	somos	tenemos
vosotros/as	sois	tenéis
ellos/ellas/ustedes	son	tienen

7. Completa el texto siguiente con los verbos.

Me llamo Elaine Araujo y *soy* (1) arquitecta.
(2)_____ brasileña, pero ahora (3)_____ en Madrid
porque quiero bailar flamenco. (4)_____ en una
escuela de danza y (5)_____ en un restaurante.
Estoy soltera, pero tengo un novio español. Él
(6)_____ en una compañía de seguros.

8. Escribe un párrafo sobre ti. Luego, léeselo a tus compañeros.

Me llamo _____ , *soy* _____ .

9. Completa las frases con la forma adecuada del verbo.

1. ¿Dónde (vivir) *viven* ustedes?
2. ¿Qué (estudiar) _____ Alicia?
3. Estos chicos no (estudiar) _____ nada.
4. ¿A qué hora (comer) _____ los españoles?
5. ¿Cuántos idiomas (hablar, usted) _____?
6. ¿Cómo (llamarse) _____ esa actriz?

10. Completa las frases con los verbos *tener* o *ser* en la forma adecuada.

1. Luisa no es madrileña, *es* valenciana.
2. Antonio Banderas _____ un actor español.
3. Yo _____ tres hijos.
4. Ellos _____ más ricos que nosotros, _____ más dinero.
5. Manolo _____ médico y _____ dos hijos.

PRONUNCIACIÓN

Entonación interrogativa

1. Escucha y repite. **10**

1. ¿De dónde eres?
2. ¿De dónde son ustedes?
3. ¿Cómo te llamas?
4. ¿Quién es este?
5. ¿Dónde vives?
6. ¿Dónde trabaja usted?
7. ¿Dónde viven ustedes?
8. ¿Cómo se llama el marido de Ana?

C. ¿Cuál es tu número de teléfono?

1. Escribe los números.

> seis – uno – ocho – tres – nueve

0. cero
1. _____   6. _____
2. dos   7. siete
3. _____   8. _____
4. cuatro   9. _____
5. cinco   10. diez

2. Escucha y comprueba. **11**

HABLAR

3. Practica con tu compañero.

2+3 = *cinco*   8-6 = _____

3+5 = _____   9-4 = _____

4+4 = _____   1-0 = _____

A. ¿*Dos más tres?*   A. ¿*Ocho menos seis?*

B. *cinco.*   B. *dos.*

4. Escucha y escribe los números de teléfono. **12**

1. María: *936 547 832*
2. Jorge: _____
3. Marina: _____ , _____
4. Aeropuerto de Barajas: _____
5. Cruz Roja: _____
6. Radio-taxi: _____

5. Pregunta el número de teléfono a varios compañeros. Toma nota.

A. *Hans, ¿cuál es tu número de teléfono?*

B. *Es el 95 835 62 10.*

A. *Gracias.*

6. Escucha y aprende. **13**

11. once	16. dieciséis
12. doce	17. diecisiete
13. trece	18. dieciocho
14. catorce	19. diecinueve
15. quince	20. veinte

7. Juega al bingo. **14**

a. Escoge una de las dos cartas.

b. Escucha y señala lo que oyes.
    ¡Suerte!

B	I	N	G	O
1	4	8	7	3
11	5	6	14	18
19	2	13	16	15

B	I	N	G	O
20	4	8	17	14
9	10	7	5	11
7	13	15	16	3

GRAMÁTICA

Interrogativos

¿A **qué** te dedicas?
¿**Cómo** te llamas?
¿De **dónde** eres?

LEER

8. Lee, escucha y completa.

En el gimnasio

FELIPE:	¡Buenas tardes!
ROSA:	¡Hola!, _____.
FELIPE:	Quiero apuntarme al gimnasio.
ROSA:	Tienes que darme tus datos. A ver, ¿_____?
FELIPE:	Felipe Martínez.
ROSA:	¿Y de segundo apellido?
FELIPE:	Franco.
ROSA:	¿Dónde _____?
FELIPE:	En la calle Goya, número ochenta y siete, tercero izquierda.
ROSA:	¿Teléfono?
FELIPE:	_____.
ROSA:	¿Profesión?
FELIPE:	_____.
ROSA:	Bueno, ya está; el precio es…

9. Completa la tarjeta con los datos de Felipe.

10. Completa las frases con *qué, dónde, cómo*.

1. A. ¿De *dónde* es Gloria Estefan?
   B. De Cuba.
2. A. ¿_____ trabajas?
   B. En un banco.
3. A. ¿_____ se llama tu compañero?
   B. Mariano.
4. A. ¿_____ vive Julio?
   B. En Miami.
5. A. ¿A _____ se dedica tu mujer?
   B. Es cantante.
6. A. ¿De _____ son ustedes?
   B. Somos alemanes, de Bonn.

11. Prepara 5 preguntas para un compañero/a y luego pregúntale. Anota las respuestas.

¿Dónde vives?
¿Cómo se llama tu padre?
¿De dónde eres?…

ESTUDIO PRAGA
Gimnasio Club
Antonio López, 92 - 28019 MADRID
Tel.: (91) 560 94 08

DATOS PERSONALES

NOMBRE Y APELLIDOS _____

DOMICILIO ACTUAL _____

N.º _____ PISO _____ PUERTA _____

TELÉFONO _____ PROFESIÓN_____

Autoevaluación

1. Lee y completa las preguntas.

> **1.** Me llamo Peter Tuck. Soy profesor de inglés. Vivo en Madrid y trabajo en un colegio. Soy soltero.
>
> **2.** Yo me llamo Maria Rodrigues; soy brasileña, de Río de Janeiro. Mi marido se llama Bruno y también es brasileño. Somos profesores.
>
> **3.** Yo me llamo Yoshie Kikkawa y soy japonesa, de Tokio. Estoy casada. Mi marido se llama Mitsuo y tenemos dos hijos, Kimiko y Ken. Los dos estudian en el colegio.

1. A. *¿Dónde* vive Peter?
   B. En Madrid.
2. A. ¿_____ Peter?
   B. En un colegio.
3. A. ¿_____ Maria?
   B. Es brasileña.
4. A. ¿_____ el marido de Maria?
   B. Bruno.
5. A. ¿_____ Yoshie?
   B. De Tokio.
6. A. ¿Qué _____ los hijos de Yoshie?
   B. Estudian en el colegio.

2. Completa los diálogos.

1. A. Hola, me *llamo* Manuel, y _____
      español. ¿Cómo _____ tú?
   B. _____
2. A. Buenos días, señor Jiménez,
      ¿cómo _____ usted?
   B. Bien, gracias, ¿y _____?

3. A. Mire, señora Rodríguez, le _____ al
      señor Márquez.
   B. _____
   C. Mucho gusto.
4. A. Hola, Laura. ¿Qué _____?
   B. Hola, Manu, muy _____. Mira, _____
      es Marina, una nueva _____.
   A. Hola, ¿qué _____?
   C. _____ , ¿y tú?
   A. Muy bien.

3. Escucha los apellidos y escribe el número de orden. **16**

> Díaz ( ), Martínez ( ), Vargas ( ),
> Díez ( ), Marín ( ), Martín ( ),
> Serrano ( ), López ( ), Moreno ( ),
> Romero ( ), Jiménez ( ), García ( ),
> Pérez ( ).

4. Lee y señala si hablan de "tú" o de "usted".

	tú	usted
1. ¿Cómo te llamas?	☑	☐
2. ¿Dónde vive usted?	☐	☐
3. ¿De dónde es?	☐	☐
4. ¿Dónde trabaja?	☐	☐
5. ¿De dónde eres?	☐	☐
6. ¿Cuál es tu número de teléfono?	☐	☐
7. ¿A qué te dedicas?	☐	☐

😀😐🙁 *Soy capaz de...*

☐☐☐ *Presentar a alguien y saludar.*

☐☐☐ *Decir algunas profesiones.*

☐☐☐ *Preguntar y decir números de teléfono.*

1
D

De acá y de allá

SALUDOS

SALUDOS

En español podemos hablar en estilo formal o informal. En estilo formal usamos **usted (Vd.)** y **ustedes (Vdes.)** para hablar con personas desconocidas, de mayor edad o superiores en rango: un jefe, un profesor, un médico. También en estilo formal utilizamos las fórmulas **señor (Sr.)** y **señora (Sra.)** con el apellido: Sr. Pérez.

En estilo informal usamos el nombre, y es muy habitual decir **¡hola!** para saludar y **¡hasta luego!** para despedirse.

En estilo formal e informal es normal saludar también con **¡buenos días!**, por la mañana; **¡buenas tardes!**, por la tarde, y **¡buenas noches!**, por la noche.

2. Relaciona cada diálogo con su foto.

1. A. ¡Hola!, ¿qué tal?
   B. ¡Hola!

2. A. ¡Hola!, me llamo Javier.
   B. ¡Hola!, yo soy Marisa.

3. A. ¡Adiós!
   B. ¡Adiós!, hasta luego.

4. A. Buenas tardes, ¿cómo está usted?
   B. Bien, ¿y usted?

1. Señala lo adecuado.

1. Hablo con un camarero — tú / *usted*
2. Hablo con mi profesor — tú / usted
3. Hablo con mi tío — tú / usted
4. Hablo con la vendedora — tú / usted
5. Hablo con un desconocido — tú / usted

3. Escucha los diálogos y practica con tu compañero. 17

Familias.

A. ¿Estás casado?

1. Relaciona.

1. ¿Estás casado/a?
2. ¿Tienes hijos?
3. ¿Tienes hermanos?

a) No, no tengo.
b) Sí, un hermano y una hermana.
c) No, estoy soltero/a.

2. Jorge y Luis hablan de sus familias. Lee y escucha. **18** 🔘

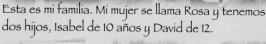

Esta es mi familia. Mi mujer se llama Rosa y tenemos dos hijos, Isabel de 10 años y David de 12.

Yo vivo con mis padres, mi hermana y mi abuela. Mi padre se llama Manuel y tiene 58 años. Mi madre se llama Rocío y tiene 56 años. Mi hermana Laura es más pequeña que yo, tiene 14 años, y mi abuela, que se llama Carmen, tiene 75 años.

3. Escribe el nombre de cada uno en las fotos.

4. Completa las frases siguientes con las palabras del recuadro.

> mujer – hermana – padre – hijo
> abuela – madre – marido.

1. Rosa es la *mujer* de Jorge.
2. David es _____ de Jorge y Rosa.
3. Rosa es la _____ de Isabel.
4. Laura es _____ de Luis.
5. Manuel es el _____ de Luis.
6. Carmen es _____ de Laura.
7. Manuel es el _____ de Rocío.

HABLAR

5. Haz estas preguntas a varios compañeros y luego completa la ficha.

– ¿Estás casado/a o soltero/a?
– ¿Tienes hijos?
– ¿Tienes novio/a?
– ¿Cómo se llama tu padre/madre?
– ¿Cuántos hermanos tienes?
– ¿Tu hermano/a está casado/a?
– ¿Tienes abuelos?

	NOMBRE
– Está soltero/a	_____
– Está casado/a	_____
– Tiene hijos	_____
– Tiene novio/a	_____
– No tiene hermanos	_____
– Tiene abuelos	_____

2
A

ESCRIBIR

6. Escribe algunas frases sobre tu familia y léeselas a tu compañero.

Mi padre se llama _____ y tiene _____ años.
Mi hermana está casada y tiene _____ hijos.

GRAMÁTICA

Plural de los nombres

un mapa   dos mapa**s**
un autobús   dos autobus**es**

---

7. Mira la imagen y señala si las frases son verdaderas (V) o falsas (F).

En esta clase hay:

a) una televisión ☐   c) cinco sillas ☐   e) dos diccionarios ☐   g) tres mesas ☐
b) dos mapas ☐   d) cinco libros ☐   f) un teléfono ☐   h) dos bolígrafos ☐

8. Escribe en plural.

1. Un coche	*Dos coches*
2. Un profesor	_____
3. Una ventana	_____
4. Una compañera	_____
5. Un lápiz	_____
6. Un cuaderno	_____
7. Un chico	_____
8. Un hotel	_____

9. Completa.

Singular	Plural
hermano / hermana	hermanos / hermanas
padre / _____	_____ / madres
_____ / hija	hijos / _____
abuelo / _____	abuelos / _____

B. ¿Dónde están mis gafas?

¿Dónde están mis gafas?

VOCABULARIO

1. Escribe la letra correspondiente.

1. reloj	b		6. sofá	☐
2. paraguas	☐		7. silla	☐
3. zapatillas	☐		8. mesita	☐
4. ordenador	☐		9. gafas	☐
5. cuadro	☐		10. teléfono	☐

GRAMÁTICA

Preposiciones de lugar

debajo	encima	entre
delante	detrás	
al lado	en	

*La planta está **debajo** de la ventana.*
*Los libros están **en** la cartera.*

A + el = **al**
De + el = **del**

*El sofá está **al lado del** sillón.*

DEBAJO  ENCIMA

DELANTE  DETRÁS

AL LADO  ENTRE

2. Mira la habitación y completa las frases.

1. El reloj está *encima* de la mesita.
2. Las zapatillas están _____ de la mesita.
3. El teléfono está _____ del ordenador.
4. El sillón está _____ de la librería.
5. Las gafas están _____ el teléfono y el ordenador.
6. El gato está _____ de David.

ESCRIBIR

3. Mira tu clase o tu habitación. Escribe 5 frases.

El diccionario está al lado del cuaderno.
La silla está delante de la mesa.

GRAMÁTICA

Adjetivos posesivos

Sujeto	Singular	Plural
yo	**mi** hijo / hija	**mis** hijos / hijas
tú	**tu** tío / tía	**tus** tíos / tías
él/ella/Vd.	**su** hermano / hermana	**sus** hermanos / hermanas

4. Completa las frases con el posesivo correspondiente.

1. ¿Cuál es *tu* número de teléfono? (tú)
2. _____ gata se llama Bonita. (ella)
3. ¿Esta es _____ chaqueta? (tú)
4. ¿Dónde está _____ diccionario? (él)
5. ¿Tienes _____ gafas? (yo)
6. _____ casa está cerca de aquí. (yo)
7. _____ primos viven en Barcelona. (ella)
8. ¿Dónde viven _____ padres? (Vd.)
9. ¿Dónde vive _____ hermano? (tú)
10. ¿Dónde trabaja _____ madre? (él)

5. Completa la conversación con los adjetivos posesivos.

A. ¿Estos son (1) *tus* padres?
B. Sí, (2)_____ madre se llama Julia y (3)_____ padre, Miguel.
A. ¿Y éstos?
B. Son (4)_____ tíos, Carlos y Águeda.
A. ¿Esta es (5)_____ hija?
B. Sí, esa es (6)_____ prima Carolina.
A. Pues es muy guapa (7)_____ prima.

Demostrativos

Este es Pedro.
Esta es Elena.
Estos son Pablo y Amanda.
Estas son Lucía y Graciela.

6. Completa.

Mira, (1) *estos* son mis amigos.
(2)_____ es Celia, y (3)_____ es Gonzalo, su novio. (4)_____ de la derecha es Laura.
(5)_____ de aquí son las hermanas de Gonzalo, Marisa y Pilar.

7. Trae algunas fotos y presenta tus amigos y familia a tus compañeros.

2 B

c. ¿Qué hora es?

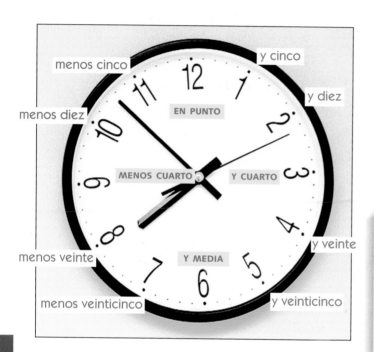

menos cinco · y cinco
menos diez · EN PUNTO · y diez
MENOS CUARTO · Y CUARTO
menos veinte · Y MEDIA · y veinte
menos veinticinco · y veinticinco

1. Mira los relojes. ¿Qué hora es?

las tres y media · las dos menos cuarto · las diez y cuarto

la una

2. Escucha y repite. **19**

3. Dibuja tres horas diferentes en tu cuaderno. En parejas, pregunta y di las horas.

> A. *Perdone, ¿qué hora es?*
> B. *Son las siete y veinte.*

LEER Y HABLAR

4. Lee el texto y señala con V lo que es igual en tu país y con X lo que es diferente.

HORARIOS

1. En Noruega la gente come a las cinco de la tarde. ☐
2. En Senegal cenan a las 8 o las 8.30. ☐
3. En México los bancos no abren por la tarde. ☐
4. En los países árabes no trabajan los viernes. ☐
5. Los españoles cenan a las 10 de la noche. ☐
6. En Estados Unidos muchas tiendas abren por la noche. ☐
7. En China la escuela empieza a las 7.15. ☐
8. En Brasil los bancos abren a las 10. ☐

5. Habla con tu compañero/a y compara las afirmaciones anteriores con lo que ocurre en tu país.

> *En Noruega comen a las cinco de la tarde y en mi país también.*
>
> *En Noruega comen a las cinco de la tarde, pero en mi país comemos a la una.*

VOCABULARIO

6. Relaciona.

1. Sesenta segundos   a) una hora

2. Veinticuatro horas   b) una semana

3. Siete días   c) un minuto

4. Doce meses   d) un día

5. Sesenta minutos   e) un año

NÚMEROS

7. Escucha y completa. 20

21	veintiuno	80	ochenta
22	veintidós	90	_____
23	veintitrés	100	cien
24	_____	103	ciento tres
30	treinta	200	doscientos/as
31	treinta y uno	300	_____
40	_____	400	_____
50	cincuenta	500	quinientos/as
60	sesenta	1.000	mil
70	_____	5.000	cinco mil

8. Escucha y señala el número que oyes. 21

a.   _2_ / 12   f.   135 / 125

b.   25 / 35   g.   830 / 850

c.   90 / 50   h.   1.589 / 1.389

d.   37 / 67   i.   1.988 / 1.998

e. 226 / 323   j.   1.975 / 1.985

9. Escucha y escribe el número. 22

1. Edad de la niña: *12 años*.

2. Precio de las naranjas: _____.

3. Precio del paquete de café: _____.

4. Año de nacimiento: _____.

5. Distancia entre Madrid y Barcelona: _____ km.

6. Precio del café y la cerveza: _____.

PRONUNCIACIÓN Y ORTOGRAFÍA

1. Escucha. 23

> te**lé**fono – **lá**piz – ven**ta**na – ho**tel**
> profe**sor** – her**ma**no – fa**mi**lia – **mú**sica

2. Escucha otra vez y repite. Observa las sílabas fuertes. 23

3. Escucha estas palabras y subraya la sílaba fuerte. 24

> profe**so**ra – español – café – gramática
> mesa – vivir – hablar – médico
> autobús – Pilar – alemán – brasileña
> familia – libro – examen

4. Escribe las palabras del ejercicio anterior en la columna correspondiente.

música	ven**ta**na	ho**tel**

2 C

✓ Autoevaluación

1. Relaciona.

1. ¿Dónde está mi bolígrafo? **c**
2. ¿Estás casado? ☐
3. ¿Tienes hijos? ☐
4. ¿Cuántos hermanos tienes? ☐
5. ¿Qué hora es? ☐
6. ¿A qué hora comen en tu país? ☐

a) No, estoy soltero.
b) Tres.
c) Encima de la mesa.
d) Sí, una niña de tres años.
e) A la una.
f) Las dos menos cuarto.

2. Escribe los números.

a) 27   *veintisiete*
b) 52   _____
c) 116   _____
d) 238   _____
e) 456   _____
f) 510   _____
g) 1.987 _____
h) 2.003 _____
i) 2.999 _____

3. Escribe en plural.

1. Este hotel es muy caro.
   Estos hoteles son muy caros.
2. Mi hermana está casada.
   _____.
3. Mi hermano tiene un hijo.
   _____ dos _____.
4. Mi compañero es japonés.
   _____.
5. Esta profesora es simpática.
   _____.
6. Este libro es interesante.
   _____.
7. Este profesor no es español.
   _____.

4. Completa con los verbos *estar* o *tener*.

1. Las zapatillas *están* debajo de la silla.
2. Marieli _____ dos hijos.
3. Mi hermano _____ casado.
4. Yo no _____ abuelos.
5. ¿_____ hermanos?
6. ¿Dónde _____ la carpeta roja?
7. Mi marido no _____ en casa.

5. Escucha y escribe las horas de salida y llegada de los trenes de la estación. **25** ⊙

SALIDAS

TREN	ANDÉN	DESTINO	HORA
Altaria	3	Zaragoza	_____
Talgo	6	Málaga	_____
AVE	2	Sevilla	_____

LLEGADAS

TREN	ANDÉN	PROCEDENCIA	HORA
AVE	11	Sevilla	_____
Alaris	8	Valencia	_____
Talgo	4	Vigo	_____

😀😐☹️ *Soy capaz de...*

☐☐ *Hablar de la familia.*

☐☐ *Decir dónde están las cosas.*

☐☐ *Decir la hora y los números hasta 5.000.*

De acá y de allá

LA FAMILIA

1. Lee y señala verdadero (V) o falso (F).

LA FAMILIA HISPANA

Cuando una persona de España o Hispanoamérica habla de su familia, no habla solamente de sus padres y de sus hermanos, habla también de sus abuelos, de sus tíos, de sus primos y de otros parientes.

Además, las reuniones familiares son frecuentes. Todos se juntan para celebrar las fiestas más importantes, como los cumpleaños, la Navidad, el día del padre y de la madre. Ese día comen todos en una casa o en un restaurante.

Por otro lado, en algunos países de Hispanoamérica es normal celebrar el día que las chicas cumplen quince años. Les hacen muchos regalos y toda la familia y amigos van a comer a un restaurante.

a) La familia hispana está compuesta de padres e hijos. [F]

b) Las familias españolas e hispanoamericanas se reúnen muchas veces. ☐

c) En el día del padre y de la madre comen todos en casa o en un restaurante. ☐

d) Las chicas hispanoamericanas se casan a los quince años. ☐

DOS APELLIDOS

En la mayoría de los países hispanoamericanos, todas las personas tienen dos apellidos. El primero es el apellido del padre y el segundo es el de la madre. Estos dos apellidos aparecen en todos los documentos y no cambian al casarse, son para toda la vida.

Me llamo Santiago. Mi padre se llama Enrique Lozano Linares y mi madre Luisa Pardo Pérez.

2. Según lo leído, ¿cuáles son los apellidos de Santiago?

Santiago _____ _____

3. Comenta con tus compañeros.

¿Cuántos apellidos tienes?
¿Cambia tu apellido al casarte?
¿Te parece bien la costumbre de los españoles e hispanoamericanos?

Hablar de hábitos.
Verbos reflexivos.

A. Rosa se levanta a las siete

Verbos reflexivos

	Levantarse	Acostarse
yo	me levanto	me acuesto
tú	te levantas	te acuestas
él/ella/Vd.	se levanta	se acuesta
nosotros/as	nos levantamos	nos acostamos
vosotros/as	os levantáis	os acostáis
ellos/ellas/Vds.	se levantan	se acuestan

1. Responde.

a) ¿A qué hora te levantas?

b) ¿Cuántas horas duermes?

2. Relaciona las frases con los dibujos.

1. Rosa se levanta a las siete.　　　　　 e
2. José se ducha.　　　　　 ☐
3. Mercedes se baña.　　　　　 ☐
4. Carlos y Ana se casan.　　　　　 ☐
5. Mis vecinos se acuestan temprano.　　 ☐
6. Roberto se afeita todos los días.　　 ☐

3. Completa con los verbos del recuadro.

> levantarse – acostarse – ducharse

A. Y tú, Juan, ¿a qué hora *te levantas*?

B. Bueno, yo ____ _____ pronto, a las 7, más o menos, ____ _____ rápidamente, tomo un café y salgo de casa.

A. Y tu mujer, ¿a qué hora ____ _____?

B. Pues, a las 7.30.

A. ¿Y tus hijos?

B. Bueno, ellos ____ _____ a las ocho, ____ _____ , desayunan y se van al colegio, porque entran a las 9.

A. ¿Y los días de fiesta también ____ _____ todos temprano?

B. ¡Ah, no!, ni hablar, los domingos ____ _____ _____ a las 10, porque, claro, el sábado____ _____ más tarde.

4. Escucha y comprueba. 26 🔘

LEER

5. Lee el artículo y contesta las preguntas.

ESCUELA PROVINCIAL DE BALLET ALEJO CARPENTIER (LA HABANA, CUBA)

En esta escuela estudian los alumnos desde los 9 hasta los 14 años. El ritmo de trabajo es muy duro, tienen clase por la mañana y por la tarde. Por la mañana, las clases empiezan a las 7.15 todos los días, y algunos alumnos se levantan a las 5 de la mañana. Las clases de baile terminan a las 12, y a esa hora los alumnos van a otra escuela que está cerca. Allí estudian las mismas asignaturas (lengua, matemáticas, geografía, etc.) que los demás niños de su edad. Terminan las clases a las 6 de la tarde y a veces vuelven otra vez a la escuela de ballet, hasta las 8.

1. ¿Cuántas horas de ballet tienen cada día?
2. ¿Estudian en la misma escuela otras asignaturas?

6. Lee el texto otra vez y completa las frases con las preposiciones del recuadro.

> a – de – desde – hasta – por

1. En esta escuela estudian los niños _____ los 9 _____ los 14 años.
2. Algunos alumnos se levantan muy pronto, _____ las 5 _____ la mañana.
3. _____ la mañana, los niños están en la escuela de ballet _____ las 7.15 _____ las 12.
4. En la escuela de ballet los alumnos tienen clase _____ la mañana y _____ la tarde.

GRAMÁTICA

Verbos irregulares en presente

	Empezar	Volver	Ir
yo	empiezo	vuelvo	voy
tú	empiezas	vuelves	vas
él/ella/Vd.	empieza	vuelve	va
nosotros/as	empezamos	volvemos	vamos
vosotros/as	empezáis	volvéis	vais
ellos/ellas/Vds.	empiezan	vuelven	van

7. Forma frases.

1. Carmen / empezar a trabajar / a las 8.
   Carmen empieza a trabajar a las 8.
2. ¿A qué hora / empezar/ la película?
   _____
3. Mi padre / ir a trabajar / en autobús.
   _____
4. Yo / volver / a mi casa / a las 7.
   _____
5. ¿Cuándo / volver / de vacaciones tus hermanos?
   _____
6. ¿Ir (nosotros) / a dar una vuelta?
   _____
7. ¿Cómo / ir (tú) / a trabajar?
   _____

Preposiciones de tiempo

Días

El lunes		la mañana
Ayer	**por**	la tarde
El sábado		la noche

Yo sólo trabajo por la mañana.

Horas

Son las 10		la mañana
A las 5	**de**	la tarde
A las 3		la noche
		la madrugada

Se levanta a las 6 de la mañana.
Ella trabaja desde las 8 hasta las 3.
Ella trabaja de 8 a 3.

B. ¿Estudias o trabajas?

1. ¿Qué día de la semana te gusta más?
¿Qué día de la semana te gusta menos?

lunes	martes	miércoles	jueves	viernes	sábado	domingo

A mí me gusta más el sábado porque no trabajo.
A mí me gusta menos el lunes.

LEER

2. Lee y escucha. 27

Lucía es técnico de sonido y trabaja en una emisora de radio, la Cadena Día. Tiene 29 años y no está casada. Vive en Valencia, y habla inglés y francés perfectamente.
Todos los días trabaja de 8 a 3, menos los sábados y domingos. Los días laborables se levanta a las 7 y sale de casa a las 7.30. Va al trabajo en autobús.
Los sábados por la noche siempre sale con sus amigos a cenar y a bailar, por eso se acuesta muy tarde, a las 3 o las 4 de la madrugada.

3. Completa las frases.

1. Lucía *es* técnico de sonido.
2. Trabaja _____ 8 _____ 3.
3. Normalmente _____ a las 7.
4. _____ al trabajo _____ autobús.
5. Los sábados _____ la noche _____ con sus amigos.

Carlos es bombero. Trabaja en el ayuntamiento de Toledo. Vive en un pueblo cerca de Toledo y va al trabajo en tren. Tiene 34 años, está casado y no tiene hijos. Trabaja en turnos de 24 horas, un día sí y otro no. Si trabaja el sábado o el domingo, después tiene dos días libres. Siempre se levanta muy temprano, a las 7 o las 8 de la mañana, por eso normalmente no sale por las noches, cena a las diez, después ve la tele y a las once y media se acuesta.

4. Completa las frases.

1. Carlos *vive* en un pueblo pequeño.
2. No _____ hijos.
3. Se levanta muy _____ .
4. Carlos normalmente no _____ por la noche
   y _____ a las once y media.

HABLAR Y ESCRIBIR

5. Prepara estas preguntas para tu compañero y házselas. Toma nota.

1. ¿Hora / levantarse?
   ¿A qué hora te levantas?
2. ¿Hora / empezar clases o trabajo?
   _____

3
B

3. ¿Hora / terminar el trabajo?

_____

4. ¿Hora / de llegar a casa?

_____

5. ¿Hacer / después de cenar?

_____

6. ¿Hora / acostarse?

_____

6. Escribe un párrafo sobre la vida de tu compañero.

Michael es _____ , trabaja en _____ .
Va al trabajo en _____ .

VOCABULARIO

7. Escribe cada profesión en la columna correspondiente.

> médico/a – estudiante – enfermero/a
> informático/a – dependiente/a – cajero/a
> secretario/a – profesor/a

HOSPITAL	UNIVERSIDAD	OFICINA	SUPERMERCADO

8. ¿Qué hace? Relaciona las dos columnas.

1. La dependienta   a) hace la comida.
2. El recepcionista   b) cuida enfermos.
3. La azafata   c) fabrica muebles.
4. La enfermera   d) atiende pasajeros.
5. El carpintero   e) recibe a turistas.
6. El cocinero   f) vende ropa.

ESCRIBIR

9. Piensa en tres o cuatro personas conocidas y explica a qué se dedican, dónde trabajan, qué hacen.

Mi amigo Ángel es dependiente, trabaja en unos grandes almacenes, vende muebles.

HABLAR

3 B

10. En grupos de cuatro. Uno representa con mímica una profesión y el resto adivina de qué profesión se trata.

Pedir un desayuno.

C. ¿Qué desayunas?

1. ¿Qué bebes para desayunar?

    a) café con leche

    b) té

    c) leche con cacao

    d) _____

2. Mira estos desayunos. ¿Alguno se parece al tuyo?

VOCABULARIO

3. Escribe la letra correspondiente.

1. té	f
2. café con leche	☐
3. zumo de naranja	☐
4. magdalenas	☐
5. müesli	☐
6. leche	☐
7. huevo	☐
8. queso	☐

4. Escucha a estas personas de diferentes países hablar de su desayuno. Completa la tabla. **28** 🔘

	País	Desayuno
1. Olga	*rusa*	*un bocadillo, mantequilla y queso*
2. Rabah	_____	_____
3. Yi	_____	_____
4. Philip	_____	_____

HABLAR

5. En grupos. Cada uno cuenta qué desayuna normalmente y qué los domingos.

Yo, normalmente, sólo tomo un café con leche y una magdalena, pero los domingos tomo un bocadillo de jamón y zumo de naranja, además del café con leche, claro.

3 C

Cafetería Teide

Desayunos
(Hasta las 12)

Meriendas
(Desde las 17 hasta las 19)

Continental
Café + bollería o tostada
con mantequilla y mermelada   **1,75** euros

Europa
Supersandwich mixto caliente
+ café…   **2,35** euros

Andaluz
Tostada de pan con tomate y aceite
de oliva + café o refresco…   **2** euros

ESCUCHAR

6. Ordena el siguiente diálogo.

CAMARERA:	Buenos días, ¿qué desean?	1
HIJO:	Yo sólo quiero un zumo.	☐
MADRE:	Yo quiero un desayuno andaluz, ¿y tú, hijo?	☐
HIJO:	No, mamá, sólo quiero un zumo de naranja.	☐
MADRE:	Toma algo más, un bollo, o una tostada.	☐
MADRE:	Bueno, pues un andaluz y un zumo de naranja.	☐
CAMARERA:	Muy bien.	☐

7. Escucha y comprueba. 29

HABLAR

8. En grupos de tres. Practica otras conversaciones. Uno es el camarero y los otros dos van a desayunar o merendar.

A. *¿Qué desean?*
B. *Un desayuno continental, por favor.*
C. *Yo un café con leche y una tostada con mantequilla y mermelada.*

PRONUNCIACIÓN Y ORTOGRAFÍA

1. Escucha y repite. 30

> gato – agua – gota – guerra – guión

¿Qué sonido se repite en todas las palabras?

El sonido **g** se escribe **g** antes de **a, o** y se escribe **gu** antes de **e, i**.

2. Completa con *g* o *gu*.

1. __uapo.
2. ci__arrillos.
3. __itarra.
4. __afas.
5. pa__ar.
6. __erra.
7. __uatemala.
8. __oma.

3. Escucha y repite. 31

Autoevaluación

1. Completa con el verbo entre paréntesis en presente de indicativo.

1. Pepe *se ducha* con agua fría. (Ducharse)
2. Celia ____ _____ a las once y media. (Acostarse)
3. A. ¿Tú ____ _____ todos los días? (Afeitarse)
   B. No, sólo los domingos.
4. Yo no ____ _____ en la piscina, prefiero la playa. (Bañarse)
5. Mi hija tiene seis años y ya ____ _____ sola. (Vestirse)
6. ¿A qué hora ____ _____ vosotros? (Acostarse)
7. Luis y Rosa ____ _____ muy temprano. (Levantarse)
8. ¿A qué hora ____ _____ tú? (Levantarse)
9. Yo ____ _____ por la noche. (Ducharse)

2. Completa con la preposición adecuada.

1. Yo empiezo a trabajar *a* las 8 *de* la mañana.
2. José no trabaja _____ la tarde.
3. Paloma trabaja _____ las 8 _____ las 3.
4. Los domingos _____ la mañana voy al Rastro.
5. Los sábados ____ la noche voy ____ la discoteca.
6. Mi marido vuelve ____ casa ____ las 8 ____ la tarde.
7. Mi hija va ____ la escuela ____ la mañana y ____ la tarde.

3. Relaciona.

1. ¿A qué te dedicas? _____   a) Soy bombero.
2. ¿Qué horario tienes?   b) En el Ayuntamiento.
3. ¿Tienes algún día libre?   c) Sí, los domingos.
4. ¿Dónde trabajas?   d) No, soy soltero.
5. ¿Cómo vas al trabajo?   e) Trabajo de 9 a 5.
6. ¿Estás casado?   f) 37.
7. ¿Cuántos años tienes?   g) Voy en tren.

4. Escribe el verbo.

1. Empezar, él *empieza.*
2. Volver, yo _____ .
3. Ir, nosotros _____ .
4. Empezar, vosotros _____ .
5. Ir, ellos _____ .
6. Volver, Vd. _____ .
7. Volver, tú _____ .

5. Escribe un párrafo sobre tu rutina diaria. Utiliza los verbos del recuadro.

> levantarse – ducharse – desayunar – salir
> empezar – terminar – comer – volver
> cenar – acostarse

Yo me levanto a las _____ . Me ducho _____ .
Salgo de casa _____ .

6. Adriana es argentina y nos habla de la vida en Buenos Aires. Escucha y contesta a las preguntas. **32**

1. ¿A qué hora se levantan en Buenos Aires?
2. ¿A qué hora comen normalmente?
3. ¿Qué horario tienen las tiendas?
4. ¿Abren los bancos por la tarde?
5. ¿A qué hora cenan?
6. ¿Estudian los niños por la mañana y por la tarde?

Soy capaz de...

☐ ☐ Hablar de mis hábitos.

☐ ☐ Hablar de horarios.

☐ ☐ Pedir un desayuno.

De acá y de allá

GESTOS

1. A continuación tienes algunos gestos que se usan con frecuencia en España e Hispanoamérica. Relaciónalos con su significado.

1. Hay mucha gente   d
2. Poco
3. Dinero
4. Silencio
5. Dormir

LENGUAJE GESTUAL

Cada cultura tiene su propio lenguaje gestual, pero los habitantes de unos países son más expresivos que otros.

2. Comenta con tus compañeros.

¿En tu país utilizan también estos gestos?
¿Crees que los hispanos hablan demasiado alto?
¿Y demasiado cerca?

3
D

Describir una casa.

A. ¿Dónde vives?

4
A

1. ¿Dónde vives?

a) En un piso. ☐
b) En un chalé con jardín. ☐
c) En una casa. ☐

2. Lee y escucha. **33**

Esta es la casa de Rosa y Miguel, un chalé adosado con dos plantas.

En la planta baja hay un recibidor, una cocina, un salón comedor grande y un servicio.

En la planta de arriba hay tres dormitorios y un cuarto de baño. La casa tiene también un jardín pequeño.

3. Lee las frases y escribe verdadero (V) o falso (F).

1. La cocina está en la planta baja. | V |
2. El salón es muy grande. | ☐ |
3. Hay un garaje. | ☐ |
4. Hay tres dormitorios. | ☐ |
5. Los dormitorios están en el piso de arriba. | ☐ |
6. No hay jardín. | ☐ |
7. Hay un pequeño servicio en la planta baja. | ☐ |
8. El salón está en la planta de arriba. | ☐ |

ESCUCHAR

4. Escucha a Manuel hablar de su casa. Contesta las preguntas. **34**

1. ¿Cómo es el piso de Manu?
2. ¿Cuántos dormitorios tiene?
3. ¿Dónde está el cuarto de baño?
4. ¿Tiene terraza? ¿Cómo es?

HABLAR

5. En parejas. Habla con tu compañero sobre tu casa: cuántas habitaciones tiene, dónde están. Dibuja el plano.

6. Escribe la descripción de la casa de tu compañero utilizando el vocabulario del recuadro.

> salón – comedor – cocina – jardín
> cuarto de baño – dormitorio – garaje

La casa de _____ es pequeña / grande.
Tiene _____ dormitorios.

VOCABULARIO

Números ordinales

7. Escucha y repite. 35

1.º / 1.ª	Primero/a	6.º / 6.ª	Sexto/a
2.º / 2.ª	Segundo/a	7.º / 7.ª	Séptimo/a
3.º / 3.ª	Tercero/a	8.º / 8.ª	Octavo/a
4.º / 4.ª	Cuarto/a	9.º / 9.ª	Noveno/a
5.º / 5.ª	Quinto/a	10.º / 10.ª	Décimo/a

Los ordinales **primero** y **tercero** pierden la **-o** delante de un nombre masculino singular.

8. Completa las frases con un adjetivo del recuadro.

> primera – tercera – quinta
> segundo – ~~primer~~

1. El ascensor está en el *primer* piso.
2. A. ¿Luis, tú qué estudias?
   B. _____ de Económicas.
3. ¡Qué impresionante! Es la _____ vez que veo el mar.
4. Nosotras somos tres hermanas, yo soy la _____ .
5. El departamento de contabilidad está en la _____ planta.

ESCUCHAR

9. Escucha y completa. 36

	PISO	PUERTA
1. Sr. González	4.º	derecha.
2. Sra. Rodríguez	____	_____
3. Srta. Herrero	____	_____
4. D. David Acedo	____	_____
5. Sr. de la Fuente	____	_____
6. Sres. Barroso	____	_____

HABLAR

10. Pregunta y contesta a cuatro compañeros, según el modelo.

¿En qué piso vives?
En el cuarto derecha.

B. Interiores

VOCABULARIO

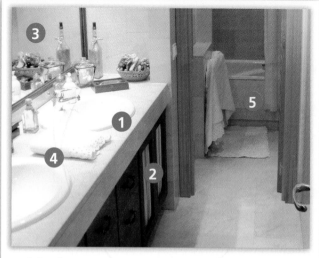

1. lavabo
2. armario
3. espejo
4. toalla
5. bañera

1. vitrocerámica	6. frigorífico
2. lavavajillas	7. horno
3. fregadero	8. horno microondas
4. lavadora	9. mesa
5. armario	10. silla

1. Completa.

Mi cocina es grande y luminosa y tenemos un (1) *frigorífico* nuevo. También hay un (2)_____ y un (3)_____ . Hay muchos (4)_____ y una (5)_____ con (6)_____ para desayunar.

En el salón-comedor tenemos dos (7) *sofás* muy cómodos y dos (8)_____ pequeños. Los libros están en una (9)_____ de madera, junto a la (10)_____ .

Entre los dos sofás hay una mesa pequeña con una (11)_____ encima.

El cuarto de baño es bastante grande también. Hay una (12) *bañera* y un armario. El (13)_____ está encima del (14)_____.

1. sofá	5. equipo de música
2. sillón	6. televisión (TV)
3. mesita	7. lámpara
4. librería	8. cojín

2. Completa las frases con la forma correcta de los verbos del recuadro.

> escuchar – ver – ducharse – dormir
> comer – ~~hacer~~

1. La cocina es donde tú *haces* la comida.
2. El cuarto de baño es donde tú _____.
3. El salón es donde tú _____ la TV.
4. El comedor es donde tú _____.
5. El dormitorio es donde tú _____.
6. El salón es donde tú _____ música.

4 B

GRAMÁTICA

Artículos

Determinados: el / la / los / las
Para algo que conocemos.
¿Dónde está el gato?

Indeterminados: un / una / unos / unas
Para algo que mencionamos por primera vez.
Hay un gato en el jardín.

3. Señala el artículo más adecuado.

1. *El / Un* ordenador está en mi dormitorio.
2. En mi clase hay *un / el* mapa del mundo.
3. *Los / Unos* amigos de Pablo son muy simpáticos.
4. ¿Hay *la / una* película buena en la tele?
5. *Los / Unos* libros están en mi mochila.
6. En el patio hay *unos / los* niños.
7. *Las / Unas* llaves están en la mesa de la cocina.

Hay – Está

Hay + un, una, unos, unas (+ nombre).
Hay un lavavajillas.
Hay una bañera.

Hay + muchos, pocas, algunos… (+ nombre).
Hay muchos armarios.

Hay + dos, tres, cuatro… (+ nombre).
Hay dos sillones.

Hay + nombre común.
¿Hay espejo en el cuarto de baño?

Está(n) + el, la, los, las (+ nombre).
En la cocina está el frigorífico.

Está(n) + preposición + nombre.
El espejo está encima del lavabo.

Está + nombre propio.
¿Está Juan?

4. Completa las frases con *hay/está/están*.

1. Perdone, ¿*hay* un supermercado cerca de aquí?
2. Por favor, ¿dónde _____ los cines Ideal?
3. Mañana no _____ clase, es fiesta.
4. No _____ agua en la botella.
5. El comedor _____ al lado de la cocina.
6. ¿Dónde _____ las llaves?
7. Mi coche _____ en el taller.
8. ¿_____ Jesús en la oficina?
9. ¿_____ leche en la nevera?
10. En esta casa sólo _____ un cuarto de baño.

HABLAR

5. Describe qué hay en tu cocina, tu cuarto de baño y tu salón. Compara la descripción con la de tu compañero.

ESCUCHAR

6. Escucha la información sobre las casas en venta y completa la tabla. 37

	METROS	DORMITORIOS	BAÑOS
1.			
2.			
3.			
4.			

C. En el hotel

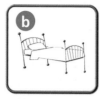

1. Relaciona las siguientes palabras con los símbolos de las instalaciones del hotel.

1. Piscina .... `e`
2. Habitación individual ⬜
3. Habitación doble ⬜
4. Restaurante ⬜
5. Tarjetas de crédito ⬜
6. Garaje ⬜

2. Escucha y completa el siguiente diálogo. **38**

RECEPCIONISTA: Parador de Córdoba, ¿dígame?
CARLOS: Buenas tardes. ¿Puede decirme si hay habitaciones libres para el próximo fin de semana?
RECEPCIONISTA: Sí. ¿Qué desea, una habitación _____ o _____ ?
CARLOS: Una doble, por favor. ¿Qué precio tiene?
RECEPCIONISTA: _____ por noche más IVA.
CARLOS: De acuerdo. Hágame la reserva, por favor.
RECEPCIONISTA: ¿Cuántas noches?

Reservar una habitación.

CARLOS: _____ y _____, si es posible.
RECEPCIONISTA: No hay problema.
CARLOS: ¿Hay _____?
RECEPCIONISTA: Sí, señor, hay una.
CARLOS: ¿Admiten tarjetas de crédito?
RECEPCIONISTA: Sí, por supuesto.

3. Practica este diálogo con tu compañero.

4. Escucha el final del diálogo anterior y completa la ficha de reserva. **39**

NOMBRE: *Carlos*   APELLIDOS: _____
DIRECCIÓN: _____
CIUDAD: _____   TELF.: _____
SENCILLA O DOBLE: ____   N.º DE NOCHES: _____

LEER

5. Lee y escucha. **40**

Los patíos

Los patíos son lugares comunes para encontrarse, para jugar, para charlar, para descansar. Hay muchos tipos de patíos. Está el patío del colegio, donde los niños pasan el recreo. Está el patío andaluz, lleno de macetas con flores, que en verano protegen del calor, y es un lugar de descanso y conversación.

En las ciudades tenemos el patío de vecinos, donde la gente tiende la ropa y habla con los vecinos de enfrente.

En Hispanoamérica muchas casas coloniales conservan bellos patíos llenos de plantas tropicales que ayudan a pasar las horas más calurosas del día.

En Córdoba (España), el segundo fin de semana de mayo se celebra el Festival de los Patíos. Los vecinos abren sus casas y todo el mundo puede visitar sus hermosos patíos.

6. ¿Verdadero (V) o falso (F)?

1. En los colegios hay un patio.   V
2. En las ciudades no hay patios.   ☐
3. En los patios coloniales hay plantas
   tropicales.   ☐
4. El Festival de los Patios de Córdoba es el
   1 de mayo.   ☐
5. Los turistas siempre pueden visitar los
   patios cordobeses.   ☐

PRONUNCIACIÓN Y ORTOGRAFÍA

1. Escucha y repite. 41

> queso – cuarto – cuanto
> quinto – casa – comedor

2. ¿Qué sonido se repite en todas las palabras?

> El sonido **k** se escribe **qu** antes de **e, i,**
> y se escribe **c** antes de **a, o, u.**

3. Completa con *qu* o *c*.

1. ___uando.
2. ___ién.
3. ___uatro.
4. tran___ilo.
5. médi___o.
6. E___uador.
7. pe___eño.
8. ___inientos.

✓ Autoevaluación

1. ¿En qué parte de la casa están las siguientes cosas?

1. cama: *en el dormitorio.*
2. microondas: _____ .
3. sillones: _____ .
4. equipo de música: _____ .
5. espejo: _____ .
6. lavavajillas: _____ .
7. bañera: _____ .
8. televisión: _____ .

2. ¿Qué hay en cada habitación?

1. Salón-comedor: *sillones,* _____
   _____
2. Cocina: _____
   _____
3. Dormitorio: _____
   _____
4. Cuarto de baño: _____
   _____

3. Completa la siguiente serie de ordinales.

Primero, _____ , tercero, _____ ,
_____ , sexto, _____ , octavo,
noveno, _____ .

4. Escribe una carta a tu familia, describiendo la casa en la que pasas tus vacaciones.

Queridos _____ :
     Estoy de vacaciones en _____
con _____ . Estoy en un / una _____ .
Está cerca de _____ . La casa es grande /
pequeña / luminosa…Tiene _____
habitaciones, _____ , _____ ,
_____ y _____ .
En este momento, estoy en _____ .
¡Hasta pronto!
                   Muchos besos.

5. Elige la forma correcta.

1. En la clase *hay / están* muchos estudiantes.
2. En mi casa no *hay / está* la televisión en el salón.
3. *Hay / está* una cafetería aquí cerca.
4. ¿Dónde *hay / están* las llaves?
5. En la nevera *hay / está* carne.
6. La información *hay / está* en Internet.
7. ¿Dónde *hay / está* un bolígrafo rojo?

6. Relaciona cada pregunta con su respuesta.

1. ¿Qué tipo de habitación desea? ☐
2. Buenas tardes, ¿hay habitaciones libres? ☐
3. ¿Admiten tarjetas de crédito? ☐
4. ¿Para cuántas noches? ☐
5. ¿Cuál es el precio de la habitación? ☐

a) Para el fin de semana.
b) Sí, por supuesto.
c) Una doble.
d) Con desayuno, 90 euros.
e) Sí, tenemos una individual y dos dobles.

7. Ordena el diálogo del ejercicio anterior.

😃 😐 😞 *Soy capaz de…*

☐☐ Describir una casa.

☐☐ Hablar de muebles y cosas de la casa.

☐☐ Reservar una habitación en un hotel.

De acá y de allá

LA VIVIENDA

1. Mira estas fotos de viviendas.

1. ¿Cuál te gusta más para vivir?
2. ¿Cuál te gusta más para pasar las vacaciones?
3. ¿Cuál te gusta menos?

2. Lee los textos y relaciónalos con las fotos.

1. En el sur de España, en Andalucía, las casas son blancas y con terrazas. Muchas tienen un patio interior y están decoradas con plantas y flores.

2. En el norte, la mayoría de las casas son de piedra, con gruesos muros para protegerlas del frío y tejados inclinados para evitar la acumulación de nieve y agua. La mayoría tiene una huerta para cultivar los productos de la tierra.

3. En la costa mediterránea hay muchas viviendas destinadas al turismo, pequeñas urbanizaciones de chalés y apartamentos y grandes hoteles se mezclan con las viviendas tradicionales.

4. Una gran parte de la población vive en las ciudades. En ellas encontramos bloques de pisos y apartamentos. Las urbanizaciones de chalés adosados son cada vez más frecuentes a las afueras de la ciudad.

3. Contesta las siguientes preguntas:

1. ¿En qué zona de España tienen patio las casas?
2. ¿De qué material son las casas del norte de España?
3. ¿Dónde hay muchos apartamentos, chalés y hoteles?
4. ¿Dónde vive la mayoría de la población?
5. ¿Dónde se encuentran los chalés adosados?

HABLAR

4. Imagina que estás de vacaciones en alguna de las diferentes zonas de España. Contesta a las preguntas de tu compañero.

¿En qué parte de España estás?
¿En qué tipo de casa?
Describe la casa.

Pedir en un restaurante.

A. Comer fuera de casa

1. ¿Conoces algún plato hispano? Escribe los nombres junto a la fotografía correspondiente.

> gazpacho – tortilla de patatas
> arroz a la cubana

_____ _____ _____

ESCUCHAR

2. Mira la carta del restaurante LA MORENITA; escucha el diálogo y completa la tabla. **42**

	TERESA	JUAN
Primer plato	*ensalada*	_____
Segundo plato	_____	_____
Bebida	_____	_____
Postre	_____	_____

MESÓN RESTAURANTE LA MORENITA

PATIO CORDOBÉS

PRIMEROS	SEGUNDOS	POSTRES
• Sopa de picadillo	• Huevos con chorizo	• Fruta del tiempo
• Gazpacho	• Carne con tomate	• Flan
• Judías verdes	• Chuletas de cordero	• Arroz con leche
• Ensalada mixta	• Fritura de pescado	• Natillas

BEBIDAS

Vino blanco, vino tinto, cerveza, agua

CARDENAL GONZÁLEZ, 63 - TEL. 957 487 099

HABLAR

3. Mira la carta y elige qué quieres comer.

Primer plato:

Segundo plato:

Bebida:

Postre:

4. En grupos de tres. Uno es el camarero y los otros dos son clientes. Representad el siguiente diálogo:

CAMARERO: ¿Qué van a tomar de primero?

CLIENTE 1: Yo, de primero, quiero _____ .

CLIENTE 2: Pues yo, _____ .

CAMARERO: ¿Y de segundo?

CLIENTE 1: _____ .

CLIENTE 2: _____ .

CAMARERO: ¿Qué quieren para beber?

CLIENTE 1: _____ .

CLIENTE 2: _____ .

CAMARERO: ¿Y de postre?

CLIENTE 1: _____ .

CLIENTE 2: _____ .

VOCABULARIO

vaso   copa   taza

jarra   jarra   jarrón

5. Completa con la palabra adecuada.

1. Una *copa* de vino.
2. Una _____ de cerveza.
3. Una _____ de café.
4. Un _____ de agua.
5. Un _____ de flores.
6. Una _____ de agua.

LEER

6. Lee y escucha. 43

Hoy comemos fuera

En España, comer es algo que nos gusta compartir con amigos, familiares, compañeros de trabajo o estudio. Para la mayoría de los españoles es más importante la compañía que el tipo de restaurante. Al escoger un restaurante preocupa la higiene, la calidad de los alimentos y la dieta equilibrada. En un país como España, con un clima agradable, de largos días con luz, el comer o cenar fuera de casa es un hábito muy extendido.

Es durante los días festivos cuando más se visitan bares y restaurantes.

7. Di si estas afirmaciones son verdaderas (V) o falsas (F).

1. A los españoles les gusta comer solos. [F]

2. Cuando comen fuera de casa les gusta hacerlo con familiares y amigos. ☐

3. Para los españoles lo más importante es el tipo de restaurante. ☐

4. Los restaurantes están más llenos los días laborables. ☐

5. Los españoles con frecuencia cenan fuera de casa. ☐

5 A

B. ¿Te gusta el cine?

1. ¿Te gusta el cine? ¿Qué tipo de películas te gustan? Coméntalo con tus compañeros.

a) comedia   b) drama   c) policíaca

d) de terror   e) de ciencia-ficción

VOCABULARIO

2. Relaciona las palabras siguientes con las dibujos.

1. el fútbol	d	7. la música rock	☐
2. ir de compras	☐	8. ir al cine	☐
3. montar en bicicleta	☐	9. viajar	☐
4. leer	☐	10. nadar	☐
5. andar	☐	11. bailar	☐
6. ir a la discoteca	☐	12. pintar	☐

ESCUCHAR

3. Escucha a Elena hablar de sus gustos y de los de su marido. Señala en el cuadro. **44** 🔘

	Elena		Luis	
	SÍ	NO	SÍ	NO
El cine				
Andar por el campo				
Ir de compras				
Los deportes				
Navegar por Internet				
Leer				
El fútbol				
La música				

4. En parejas. Pregunta a tu compañero sobre sus gustos.

A. *Peter, ¿(a ti) te gusta el cine?*
B. *No, me gusta más leer.*

5. Escribe unas frases sobre tu compañero.

A Peter no le gusta mucho el cine,
pero le gusta leer.

a   b   c   d   e   f   g   h   i   j   k   l

GRAMÁTICA

Verbo Gustar

(A mí)	me	
(A ti)	te	gusta/n
(A él/ella/Vd.)	le	
(A nosotros/as)	nos	
(A vosotros/as)	os	gusta/n
(A ellos/ellas/Vds.)	les	

A Elena le gusta viajar.
A Jaime le gustan los deportes.
A nosotros no nos gusta el fútbol.

6. Completa las frases con un pronombre
(*me, te, le...*) y *gusta* o *gustan*.

1. A María *le gusta* mucho nadar.
2. A mi marido ____ _____ ir al cine.
3. A mí no ____ _____ las películas de terror.
4. A los españoles ____ _____ mucho salir y hablar con los amigos.
5. A nosotros ____ _____ los animales.
6. ¿A vosotros ____ _____ la música tecno? A mí, no.
7. ¿A Vd. ____ _____ la paella?
8. ¿A ti ____ _____ los niños?

LEER Y ESCRIBIR

7. Lee estos anuncios.

8. Responde las preguntas.

1. ¿De dónde es Olga?
   _____
2. ¿Qué deporte le gusta a Tiago?
   _____
3. ¿Cuántos años tiene Miguel?
   _____
4. ¿Cómo se llama la chica sevillana?
   _____
5. ¿Qué baile le gusta a Olga?
   _____
6. ¿Qué le gusta a Marisol?
   _____

9. Ahora escribe un anuncio, pero no pongas tu nombre. Dáselo a tu profesor/a. Él/ella leerá todos los anuncios y la clase tendrá que adivinar de quién son.

Me llamo Marisol, soy soltera. Me gusta viajar, hacer deporte y leer. Busco amigos para salir. SEVILLA.

Me llamo Miguel, tengo 25 años. Me gusta jugar al fútbol, nadar y montar en bicicleta, busco chicos y chicas con aficiones similares. MADRID.

Me llamo Tiago, soy brasileño, de Río de Janeiro. Me gusta salir con chicas, ir a la playa, navegar por Internet. También me gusta ver partidos de baloncesto en la tele. ¿Por qué no me escribes?

Me llamo Olga, tengo 32 años, me gusta el cine, salir de copas, bailar tango y nadar. Escríbeme. BUENOS AIRES.

> *Comprender*
> *instrucciones de recetas.*

C. Receta del Caribe

1. ¿Te gusta cocinar? ¿Qué sabes hacer?

2. Completa la lista de ingredientes con las palabras del recuadro.

> azúcar – hielo – limón
> leche – vainilla – plátanos

BATIDO DE PLÁTANO

Ingredientes:

3 _____

1 taza de _____

1/4 de taza de _____

1/4 de taza de zumo de _____

1/2 cucharadita de _____

8 cubitos de _____

ESCUCHAR

3. Ordena las instrucciones para su preparación.

a) Añade los cubitos de hielo y mézclalos con los otros ingredientes. ☐

b) Pela los plátanos y córtalos en rodajas. 1

c) Reparte la mezcla en cuatro vasos. ☐

d) Mezcla los plátanos, la leche, el azúcar, el zumo de limón y la vainilla en una batidora. ☐

e) Ofrece el refresco a tus amigos. ☐

4. Escucha y comprueba. 45

GRAMÁTICA

Imperativo

	Cortar	Comer	Abrir
tú	corta	come	abre
usted	corte	coma	abra

5. Completa las siguientes instrucciones para llevar una vida sana. Utiliza los verbos del recuadro en imperativo.

> caminar – tomar – descansar
> comer – evitar – beber

TODOS LOS DÍAS:

1. *Bebe* más de un litro de agua.

2. _____ tres piezas de fruta.

3. _____ durante media hora.

4. _____ más de siete horas.

5. _____ fumar.

6. _____ bebidas sin alcohol.

6. ¿De dónde crees que son originalmente estos productos?

Productos de América

1. la piña
   - ☐ Hawai
   - ☐ Cuba y Puerto Rico

2. el maní
   - ☐ Georgia
   - ☐ Bolivia y Perú

3. la patata
   - ☐ Perú y Ecuador
   - ☐ Irlanda

4. el tomate
   - ☐ México
   - ☐ Italia

5. los plátanos
   - ☐ Ecuador
   - ☐ África

6. el café
   - ☐ África
   - ☐ Brasil

Casi todas las piñas de los supermercados son de Hawai, pero sus cultivadores originales son los indios de Cuba y Puerto Rico.

Los italianos preparan una deliciosa salsa de tomate, pero los cultivadores originales del tomate son los indios de México.

7. Escucha y comprueba. 46

PRONUNCIACIÓN Y ORTOGRAFÍA

La **b** y la **v** se pronuncian igual.

1. Escucha y repite. 47

> Isa**b**el – **v**i**v**ir – **v**ino – **b**ueno – Á**v**ila
> **v**iajar – **b**otella – a**b**uelo – ha**b**lar
> muy **b**ien – **b**eber

2. Escucha y repite. 48

1. ¿Dónde vive Isabel?
2. Cuba es una isla preciosa.
3. Vicente es abogado y trabaja en Sevilla.
4. Las bebidas están en la nevera.
5. Este vino es muy bueno.
6. Valeriano viaja mucho en avión.
7. Beatriz es de Venezuela.
8. Esta bicicleta es muy barata.

3. Completa con *b* o *v*.

1. Yo __i__o en __arcelona.
2. Este __atido tiene __ainilla.
3. Camarero, un __aso de agua, por favor.
4. A Isa__el le gusta __iajar y __ailar tangos.
5. __e__er agua es muy __ueno.

4. Escucha otra vez y repite. 49

5
C

Autoevaluación

1. Con estos ingredientes vamos a elaborar un menú. ¿Qué lleva cada plato?

> huevos – tomates – arroz – pollo – leche
> gambas – pepinos – calamares – azúcar
> aceite – sal – ajo

MENÚ

1.ᵉʳ plato, gazpacho: *tomates*, _____ ,

_____ , _____ , _____ .

2.º plato, paella: _____ , _____ ,

_____ , _____ , _____ ,

_____ .

Postre, flan: _____ , _____ , _____ .

2. Elabora un menú con platos típicos de tu país y haz la lista de ingredientes que necesitas para su elaboración.

3. Escribe el pronombre correcto (*me, te, le, nos, os, les*).

1. A ellos *les* gusta la música clásica.
2. A nosotros _____ gusta salir de noche.
3. A su hermana _____ gusta la paella.
4. A mí no _____ gustan los toros.
5. ¿A ti _____ gusta el fútbol?
6. ¿A vosotros _____ gustan las gambas?
7. A Luisa no _____ gusta viajar.

4. Haz frases como en el ejemplo.

1. Rosa / no gustar / animales
   A Rosa no le gustan los animales.
2. Ellos / gustar / salir

_____

3. Nosotros / gustar / ver la tele

_____

4. Yo / no gustar / fútbol

_____

5. ¿Tú / gustar / flan?

_____

6. Pepe / no gustar / la fruta

_____

7. ¿Vosotros / gustar / nadar?

_____

5. Escribe en imperativo las órdenes que da Maribel a su hijo.

1. ¡*Baja* la tele! (bajar)
2. ¡_____ más verdura! (comer)
3. ¡_____ la ventana de tu dormitorio! (abrir)
4. ¡_____ una nota para tu profesor! (escribir)
5. ¡_____ cuando te hablo! (escuchar)
6. ¡_____ a tu hermana! (ayudar)
7. ¡_____ más leche! (beber)

6. Relaciona cada pregunta con su respuesta.

1. ¿Qué desea para beber? [d]
2. ¿Y de segundo? [ ]
3. ¿Me deja la carta, por favor? [ ]
4. ¿Y de postre? [ ]
5. ¿Qué quiere el señor de primero? [ ]
6. ¿Desea algo más? [ ]

a) Sí, ahora mismo. Un momento.
b) Una sopa de fideos, por favor.
c) Un helado de vainilla.
d) Agua mineral.
e) No, muchas gracias.
f) Pollo con patatas.

7. Ordena el diálogo anterior.

_____

😊 😐 ☹️ *Soy capaz de…*

[ ][ ][ ] *Pedir en un restaurante.*

[ ][ ][ ] *Hablar de gustos.*

[ ][ ][ ] *Comprender y dar instrucciones sencillas.*

De acá y de allá

COCINAS DEL MUNDO

Probablemente la mejor comida peruana, en Madrid.
Menús de la casa.

RESTAURANTE PERUANO
La Llama
SABROSOS PLATOS PERUANOS

San Francisco, 12. (Detrás Hotel Sol). **Metro Sol**
Teléfonos **916 542 082 · 916 542 083 · 28005**

LEER

1. Lee estos anuncios de los restaurantes y después contesta las preguntas.

Taberna • Restaurante
El Rincón del Café
Cocina
Tradicional Casera
Menú especial diario: 9 €

C/ Infanta, 54 – Tel. 913 578 453

RESTAURANTE
LA ALPUJARRA

• Pescaditos fritos
• Pescados al horno y a la sal
• Carnes rojas

Pza. Granada, 4
Tel.: 913 455 512
913 455 513
(Aparcacoches)

GAMBRINUS
CERVECERÍA

TAPAS DE:
Mejillones
Berberechos
Gambas
Pulpo con verduras naturales.

Príncipe de Viana, 20 Tel.: 913 502 864

EL PÁDEL

COCINA MEDITERRÁNEA

• MENÚ DEGUSTACIÓN • PINCHOS • TAPAS
• MENÚS DIARIOS PARA EMPRESAS
• SALONES PARA REUNIONES FAMILIARES Y DE NEGOCIOS

C/ MARQUESA DE TOLEDO, 5 (RECOLETOS). PARKING A 50 METROS
TEL.: 914 323 320 / 914 323 321

LA ESTANCIA
Único asador criollo en España
Carnes elaboradas al estilo autóctono de la campiña argentina
Asador Restaurante
Cabrito - Lechón - Carnes argentinas
Carnes gallegas - Pescados a la brasa
APARCACOCHES
C/ Petunias, 66 - Tel.: 914 506 142

---

5 D

1. ¿En qué estación de metro está el restaurante peruano?

2. ¿En qué restaurante podemos celebrar una reunión con nuestra familia o de negocios?

3. ¿Qué tipo de comida ofrece El Rincón del Café?

4. ¿Dónde podemos comer comida argentina?

5. ¿Dónde podemos tomar tapas?

6. ¿Dónde podemos comer pescado?

7. ¿Qué restaurantes ofrecen aparcacoches?

8. ¿Cuánto cuesta el menú en El Rincón del Café?

9. ¿Dónde podemos tomar gambas?

2. ¿Con qué países hispanos relacionas las siguientes comidas y bebidas?

> café – naranjas – frijoles – chorizo – mate
> ron – paella – tequila – churrasco – tortilla

3. ¿Conoces otras comidas y bebidas hispanas? Coméntalo con tus compañeros.

Instrucciones para ir en metro.

A. ¿Cómo se va a Plaza de España?

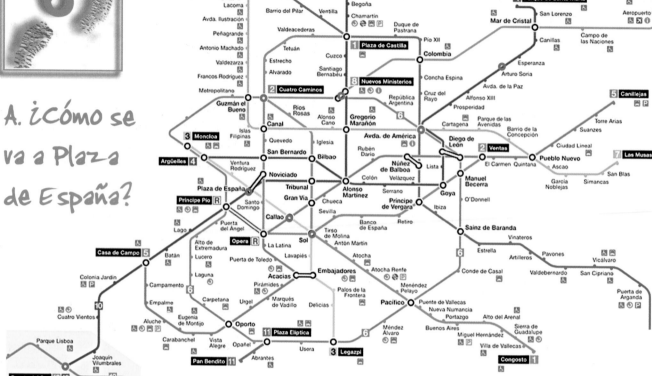

1. Mira el dibujo y responde. ¿Qué están haciendo Sergio y Beatriz?

a) Están llamando a un taxi.

b) Están comprando un billete de metro.

c) Están recogiendo su coche.

2. Completa la conversación con las expresiones del recuadro.

| ¿Cuánto es? – cómo se va |
| dos billetes de metro – sexta estación |
| ¿Puede darme |

SERGIO: Perdone, queremos _____
(1)_____ , por favor.

TAQUILLERO: ¿Sencillos o de diez viajes?

SERGIO: Bueno, mejor uno de 10 viajes.
(2)_____

TAQUILLERO: 6 euros.

SERGIO: Perdone, ¿puede decirme (3)_____
_____ a Plaza de España?

TAQUILLERO: Pues desde aquí es muy fácil, coja usted la línea 8 hasta Nuevos Ministerios y cambie a la línea 10 en dirección Puerta del Sur. La (4)_____ es Plaza de España.

SERGIO: Muchas gracias. ¿ (5)_____ un plano del metro?

TAQUILLERO: Sí, claro, tome.

3. Escucha y comprueba. `50` 🔘

4. Escucha otra vez y marca el recorrido en el plano del metro de Madrid. `50` 🔘

COMUNICACIÓN

5. Completa el cuadro.

> **Formal (Vd.)**
>
> • *Perdone, ¿cómo se va a la Plaza de España?*
> ○ *Coja la línea 8 hasta Nuevos Ministerios, allí cambie a la línea 10 en dirección Puerta del Sur.*
>
> **Informal (tú)**
>
> _____ , ¿cómo voy / se va a la Plaza de España?
> _____ la línea 8 hasta Nuevos Ministerios, allí _____ a la línea 10 en dirección Puerta del Sur.

HABLAR

6. Mira otra vez el plano y practica con tu compañero, uno pregunta y el otro responde, para ir de… a…

De Aeropuerto a Arturo Soria
De Cuatro Caminos a Fuencarral
De Cuatro Caminos a Callao
De Sol a Avenida de América
De Avenida de América al Aeropuerto

A. *Perdona, ¿cómo se va de Barajas a Arturo Soria?*
B. *Coge la línea 8 hasta Mar de Cristal, allí cambia a la línea 4 en dirección Argüelles. Es la tercera parada.*

LEER

7. Lee el texto y responde a las preguntas.

> # MADRID EN METRO
>
> El metro de Madrid tiene unos 170 kilómetros. En total hay 11 líneas y 158 estaciones. El horario de servicio al público es de 6:00 h de la mañana a 1:30 h de la madrugada, todos los días del año. Durante las horas de cierre del metro existe un servicio de autobuses nocturnos que salen de la plaza de Cibeles.
>
> Hay dos tipos de billetes, además del abono transportes: el billete sencillo, que sólo tiene un viaje, y el metrobús o billete de diez viajes, que también puede utilizarse en el autobús.
>
> Los billetes se pueden comprar en las taquillas o en las máquinas del metro. El metrobús también se puede comprar en quioscos y estancos.
>
> www.ctm-madrid.es
> www.metrodemadrid.es

1. Son las 6.30 h, tienes que ir al trabajo, ¿está abierto ya el metro? ¿Desde qué hora?
2. Son las dos de la madrugada, ¿puedes volver a casa en metro? ¿Por qué? ¿Puedes volver en autobús?
3. ¿Cuántas veces puedes usar el billete sencillo?
4. ¿Cómo se llama el billete de 10 viajes?
5. ¿Puedes usar el metrobús en el autobús?
6. ¿Dónde se compra el metrobús?

B. Cierra la ventana, por favor

1. Escucha y relaciona los dibujos con las frases. **51**

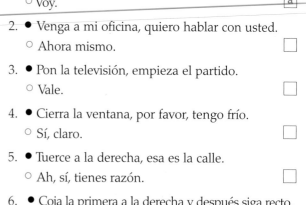

1. ● Carlos, siéntate en tu sitio, por favor.
   ○ Voy. [a]

2. ● Venga a mi oficina, quiero hablar con usted.
   ○ Ahora mismo. ☐

3. ● Pon la televisión, empieza el partido.
   ○ Vale. ☐

4. ● Cierra la ventana, por favor, tengo frío.
   ○ Sí, claro. ☐

5. ● Tuerce a la derecha, esa es la calle.
   ○ Ah, sí, tienes razón. ☐

6. ● Coja la primera a la derecha y después siga recto.
   ○ Muchas gracias. ☐

7. ● Haz los deberes antes de cenar.
   ○ Vale, mamá. ☐

GRAMÁTICA

Imperativo irregular

Hacer	Poner	Venir	Coger
haz	pon	ven	coge
haga	ponga	venga	coja

Torcer	Cerrar	Sentarse	Decir
tuerce	cierra	siéntate	di(me)
tuerza	cierre	siéntese	diga(me)

2. Completa con el verbo en imperativo.

1. El hospital está muy cerca, (torcer, tú) *tuerce* a la derecha por esa calle y luego (seguir, tú) _____ todo recto.

2. (Hacer, tú) _____ tú la ensalada, mientras yo pongo la mesa.

3. ¡Carlos! (venir, tú) _____ a tu habitación ahora mismo.

4. (Cerrar, tú) _____ la puerta, por favor, hay mucho ruido.

3. Completa con los verbos del recuadro.

> cerrar – sentarse – poner – pasar – hacer

JEFE:	Sr. Hernández, ¿puede venir a mi oficina, por favor?
HERNÁNDEZ:	Sí, claro.
HERNÁNDEZ:	¿Se puede?
JEFE:	Sí, sí, (1) *pase* y (2)_____ la puerta, por favor… (3) _____ . Tengo una reunión en el banco el próximo lunes y necesito la información de su departamento.
HERNÁNDEZ:	No hay problema, está todo preparado.
JEFE:	Bien, (4)_____ el informe antes del lunes y (5)_____ todos los datos de este año.

4. Escucha y comprueba. **52**

COMUNICACIÓN

+ directo	– directo
¡Ven un momento!	*¿Puedes venir un momento?*
¡Haga ya la comida!	*¿Puede hacer ya la comida?*

5. Transforma las frases como en el ejemplo.

1. Venga a mi oficina.
   ¿Puede venir a mi oficina?

2. Pon la televisión, empieza la película.
   ¿Puedes _____?

3. Cierra la ventana, por favor.
   ¿_____?

4. Hoy haz tú la cena.
   ¿_____?

5. Dime la hora, por favor.
   ¿_____?

HABLAR

6. Piensa en un compañero sentado lejos de ti en la clase y escribe una petición en un papel. Luego léelo en voz alta.

> *Para Svieta:*
> *Déjame tu diccionario.*
> *Olga.*

Puedes pedirle:

– Abrir / cerrar la ventana.

– Prestar dinero / un bolígrafo / un lápiz / un diccionario.

– Esperar a la salida de clase.

– Encender / apagar la luz.

– Sentarse más cerca de ti.

Describir el barrio.

C. Mi barrio es tranquilo

1. ¿Cómo es tu barrio? ¿Es tranquilo o ruidoso? ¿Está cerca de tu trabajo o está lejos?

2. Lee los mensajes.

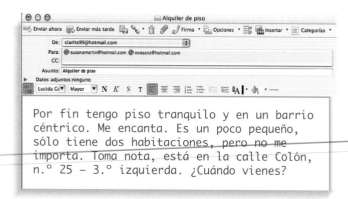

Por fin tengo piso tranquilo y en un barrio céntrico. Me encanta. Es un poco pequeño, sólo tiene dos habitaciones, pero no me importa. Toma nota, está en la calle Colón, n.º 25 – 3.º izquierda. ¿Cuándo vienes?

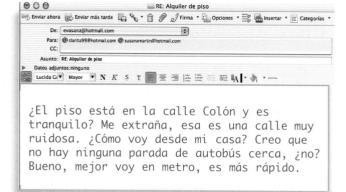

¿El piso está en la calle Colón y es tranquilo? Me extraña, esa es una calle muy ruidosa. ¿Cómo voy desde mi casa? Creo que no hay ninguna parada de autobús cerca, ¿no? Bueno, mejor voy en metro, es más rápido.

3. Contesta las preguntas.

1. ¿Es grande el piso de Clara?

2. ¿Eva conoce el piso de Clara?

3. ¿Cómo se va a casa de Clara?

GRAMÁTICA

Ser / Estar	
Es / son	
	grande (s) – pequeño (s)
	tranquilo (s) – ruidoso (s)
	rápido (s) – lento (s)
Es	bueno/malo
Está / están	
	cerca – lejos
	en la calle…
	enfrente de…
Está	bien/mal

4. Subraya la forma adecuada.

1. El piso *es / está* en un barrio céntrico y *es / está* pequeño, sólo tiene dos habitaciones.

2. Su casa *es / está* en la calle Goya, enfrente de la estación del metro.

3. El metro *es / está* más rápido que el autobús.

4. Fumar no *es / está* bueno.

5. El hospital *es / está* lejos de mi casa, en un barrio que *es / está* muy tranquilo porque *es / está* a las afueras de la ciudad.

6. Este ejercicio *es / está* mal.

7. Esta escuela *es / está* al lado de la parada del autobús.

6
C

5. Haz frases con los elementos de cada columna.

Los coches	es	baratos
Esta calle	está	lejos
Los billetes de metro	están	ruidosa
La parada de autobús	son	cerca
La estación de metro		muy tranquila
		en el garaje

HABLAR

6. En parejas. Habla con tu compañero sobre tu barrio. ¿Te gusta? ¿Es grande o pequeño? ¿Tiene mucho tráfico? ¿Está bien comunicado (autobús, metro, etc.)?

PRONUNCIACIÓN Y ORTOGRAFÍA

1. Escucha y repite. 53

> rey – arroz – perro – reloj – rojo – arriba
> caro – pero – diario – soltera – para

> El sonido **r (fuerte)** se escribe simple (r) a principio de palabra y doble (rr) en medio de dos vocales. El sonido **r (suave)** se escribe siempre simple (r).

6
C

2. Escucha y completa con *r* o *rr*. 54

1. ____oma.
2. Inglate____a.
3. Pe____ú.
4. carte____o.
5. compañe____o.
6. ____osa.
7. piza____a.
8. te____aza.
9. arma____io.

3. Dicta a tu compañero.

El perro de San Roque no tiene rabo porque Ramón Rodríguez se lo ha cortado.

Autoevaluación

1. Completa esta nota que Juan escribe para un compañero del trabajo. Utiliza los verbos del cuadro.

> guardar – ~~hacer~~ – conectar
> apagar – cerrar

Carlos:
Me marcho dentro de 10 minutos. El informe está en mi mesa, por favor (1) haz las fotocopias y (2)_____ todo en el primer cajón.
Después (3)_____ el despacho con llave y (4)_____ la alarma. Ah, antes de salir (5)_____ todas las luces.

Gracias por todo.

Juan

2. Relaciona los adjetivos contrarios.

1. ruidoso   a) bajo
2. ancho   b) corto
3. largo   c) tranquilo
4. bonito   d) pequeño
5. rápido   e) estrecho
6. alto   f) lento
7. grande   g) feo

3. Completa las frases con *ser* o *estar*.

1. Mi piso nuevo *es* bastante grande.
2. Esa oficina _____ bastante lejos de aquí.
3. Las fotocopias no _____ bien.
4. La catedral _____ en el centro.
5. Mi barrio _____ antiguo.
6. Este restaurante _____ muy ruidoso, no me gusta nada.
7. Las llaves _____ en el cajón.

4. Lee este correo y contesta verdadero (V) o falso (F).

```
● ● ●                          Vacaciones
  Enviar  Chat  Adjuntar  Agenda  Tipo de letra  Colores  Borrador
  Para:  Gloria@hotmail.com
  Cc:
  Asunto:  Vacaciones
  Cuenta:  YOLANDA <Yolanda@wanadoo.es>
```

La Habana, 6 de julio

Querida Gloria:
Esta ciudad es fantástica. Mi hotel está en un barrio precioso que se llama El Vedado, se puede pasear tranquilamente por sus calles, hay mercadillos de artesanía, algunas tiendas y restaurantes, y está al lado del mar. La mayoría de las casas son de una o dos plantas y de muchos colores: azules, amarillas, de color rosa. Otro barrio interesante es La Habana vieja, es la zona más antigua. Tiene algunos edificios (la catedral, el hotel Inglaterra, el Capitolio) muy bien conservados. Las calles son más estrechas y hay bastante tráfico, pero es muy agradable pasear por allí, tomar un helado y sentarse en cualquiera de las plazas.
Estoy haciendo muchas fotos, ya verás cómo te gustan.
Besos. Yolanda

1. El hotel de Yolanda está en La Habana vieja. ☐
2. El Vedado está al lado del mar. ☐
3. En El Vedado hay muchos edificios altos. ☐
4. La catedral está en La Habana vieja. ☐
5. En la zona antigua no hay tráfico. ☐

5. Escribe un párrafo sobre tu barrio.

¿Es grande / pequeño / no muy grande?
¿Tiene mucho / poco tráfico?
¿Hay muchas / pocas / bastantes tiendas?
¿Cómo son los edificios, altos / bajos?

😀 😐 ☹️   *Soy capaz de...*

☐☐☐   *Preguntar para ir en metro.*

☐☐☐   *Dar instrucciones y pedir favores.*

☐☐☐   *Describir un barrio.*

6
D

De acá y de allá

MÚSICA LATINA

1. ¿Sabes qué significan estas palabras?

> guitarra – flamenco – salsa – tango – fiesta

Dentro de la cultura hispana encontramos una gran variedad de estilos y ritmos musicales: unos son para bailar en fiestas y otros para escuchar con más tranquilidad.

2. A continuación vas a escuchar cuatro ritmos musicales diferentes. ¿Puedes relacionarlos con estos nombres? **55**

a) Tango   b) Ranchera   c) Flamenco   d) Salsa

3. Relaciona la foto con la información correspondiente.

1

Carlos Santana

2

Jennifer López

3

Enrique Iglesias

a

(España, 1975) hijo de Julio Iglesias. Es uno de los artistas jóvenes con más premios internacionales. "Bailamos"

b

(México, 1947) es guitarrista y cantante. Compone música de fusión entre el rock y los ritmos latinos y afrocubanos. "Oye cómo va"

c

(EE UU, 1970) es cantante y actriz. Le encanta bailar salsa. "Una noche más"

TANGO

RANCHERA

FLAMENCO

SALSA

6 D

4. ¿Alguien tiene un CD de música latina? ¿Qué tipo de música es? ¿Puede traerla a clase?

7

Concertar una cita.
Verbo quedar.

A. ¿Dónde quedamos?

1. ¿Te gusta salir con los amigos? ¿Adónde vas?

   a) al cine

   b) al fútbol

   c) a la discoteca

   d) a casa de otros amigos

2. Lee y escucha. Después contesta las preguntas. **1**

7
A

MADRE:	¿Sí, dígame?
PEDRO:	¿Está Antonio?
MADRE:	Sí, ¿de parte de quién?
PEDRO:	Soy Pedro.
MADRE:	Enseguida se pone.
ANTONIO:	¿Pedro?
PEDRO:	¡Hola, Antonio! ¿Qué haces?
ANTONIO:	Nada, estoy viendo la tele.
PEDRO:	¿Vamos al cine esta tarde?
ANTONIO:	Venga, vale, ¿y qué ponen?
PEDRO:	Podemos ver la última película de Almodóvar, ¿no?

ANTONIO:	¡Estupendo! ¿Cómo quedamos?
PEDRO:	¿A las siete en la puerta del metro?
ANTONIO:	No, mejor a las ocho. ¿De acuerdo?
PEDRO:	Vale. ¡Hasta luego!

1. ¿Qué van a hacer Antonio y Pedro?
2. ¿Dónde quedan?
3. ¿A qué hora?

3. Completa el diálogo. Utiliza las expresiones siguientes.

> **Mejor mañana – Lo siento – Te parece bien**
> **Vienes conmigo – no puedo**

A. ¿Sí?

B. ¿Está Alicia?

A. Sí, soy yo.

B. ¡Hola! Soy Begoña.

A. ¡Hola! ¿Qué hay?

B. Voy a salir de compras esta tarde.
    ¿(1)_____?

A. (2)_____ , hoy (3)_____ ,
    tengo mucho trabajo. (4)_____.

B. Bueno, vale. ¿A qué hora? ¿(5)_____ a las seis?

A. Sí, de acuerdo.

B. Hasta mañana.

4. Escucha y comprueba. **2**

COMUNICACIÓN

5. Completa el recuadro.

Invitar	Aceptar
¿Por qué no te vienes?	*Venga, vale.*
¿Vamos a cenar después?	_____
¿Vienes conmigo?	_____

Rechazar y proponer alternativa
–*Lo siento, no puedo, tengo mucho trabajo.*
–*No puedo, ¿te parece bien mañana?*
–*No, mejor a las ocho.*

HABLAR

6. Imagina que vives en Madrid. Practica con tus compañeros/as con estos datos.

PROPUESTA	¿CUÁNDO?
a) ir al teatro.	mañana
b) comer.	el sábado
c) tomar una copa.	esta noche
d) jugar al billar.	esta tarde
e) ir al cine.	este domingo

¿DÓNDE?	¿HORA?
a) Plaza Mayor.	18:00 h
b) Mesón Madrid.	14:30 h
c) Cine Ideal.	23:15 h
d) Metro Callao.	20:30 h
e) Cine Princesa.	17:45 h

Ejemplo:
A. *¿Vamos al teatro mañana?*
B. *Vale. ¿Dónde quedamos?*
A. *En la plaza Mayor.*
   ¿Te parece bien?
B. *Sí, ¿a qué hora?*
A. *A las seis.*
B. *Vale. ¡Hasta luego!*
A. *¡Hasta luego!*

ESCUCHAR

7. Ordena la siguiente conversación telefónica.

B. No está en este momento. ¿Quiere dejarle un recado? ☐

B. Muy bien, le dejo una nota. ☐

B. Inmobiliaria Miramar. Buenos días. [1]

A. Muchas gracias. Adiós. ☐

B. Adiós. ☐

A. Sí, por favor, dígale que la Sra. García va mañana a las once y media para hablar con él. ☐

A. Buenos días. ¿Puedo hablar con el Sr. Álvarez? ☐

8. Escucha y comprueba. **3**

HABLAR

9. Practica con tu compañero/a las siguientes conversaciones telefónicas.

Estudiante A:
1. Llamas a Pepe para ir al cine.
2. Llamas a Julia para quedar para ir al cine.
3. Llamas a Borja y quedas para ir al cine.

Estudiante B:
1. Eres el padre de Pepe, y Pepe no está en su casa.
2. Eres Julia, no puedes ir al cine.
3. Eres Borja, te apetece ir al cine y quedas con tu compañero.

**7
A**

B. ¿Qué estás haciendo?

1. Mira el dibujo y señala si las siguientes frases son verdaderas (V) o falsas (F).

1. El chico del bañador amarillo está duchándose. ☑ V
2. El señor con gafas de sol está leyendo el periódico. ☐
3. La señora del bañador verde está abriendo la sombrilla. ☐
4. Los niños de la toalla blanca están jugando a las cartas. ☐
5. La chica del sombrero rojo está paseando. ☐
6. Una señora está durmiendo sobre la tumbona. ☐
7. Dos señoras están hablando en la orilla. ☐
8. Un grupo de niñas está jugando a la pelota. ☐
9. La chica del bañador rosa está secándose la cabeza. ☐
10. La señora pelirroja está peinándose. ☐

7 B

GRAMÁTICA

Estar + gerundio

Estoy	
Estás	
Está	hablando
Estamos	
Estáis	
Están	

Infinitivo	**Gerundio**
Llorar	llorando
Comer	comiendo
Escribir	escribiendo

Irregulares

Leer	leyendo
Dormir	durmiendo

2. Mira los dibujos y di qué están haciendo los personajes, como en el ejemplo.

dormir / escuchar
No está durmiendo; está escuchando música.

1. escribir / pintar

2. hablar / cantar

3. estudiar / ver la tele

4. leer / navegar en Internet

5. discutir / hablar

Estar + gerundio + verbos reflexivos

Estoy lavándo**me** o **me** estoy lavando.

Estás lavándo**te** o **te** estás lavando.

Está lavándo**se** o **se** está lavando.

Estamos lavándo**nos** o **nos** estamos lavando.

Estáis lavándo**os** u **os** estáis lavando.

Están lavándo**se** o **se** están lavando.

---

3. Completa las frases con el pronombre reflexivo adecuado.

1. A. Rosa, ¿qué estás haciendo?
   B. Ahora mismo estoy peinándo*me* porque voy a salir.

2. A. ¡Luis, al teléfono!
   B. No puedo, estoy duchándo_____ .

3. A. Niños, ¿qué hacéis?
   B. Nada, mamá, _____ estamos lavando las manos.

4. A. ¡Qué ruido hacen los vecinos!
   B. Sí, están levantándo_____ ahora porque salen de viaje.

5. A. ¡Hola!, ¿está Roberto?
   B. Sí, pero está afeitándo_____ , llama más tarde.

6. A. ¿Y Clara?, ¿dónde está?
   B. En el baño, está duchándo_____ .

7. A. Joana, ¿qué haces?
   B. _____ estoy pintando para salir.

4. Escucha y comprueba. 4

PRONUNCIACIÓN Y ORTOGRAFÍA

Entonación exclamativa

1. Escucha y repite. 5

a) ¡Vale!   e) ¡Qué bonito!

b) ¡Hasta luego!   f) ¡Es horrible!

c) ¡Qué bien!   g) ¡Estupendo!

d) ¡Qué va!

2. Escucha las afirmaciones y reacciona con una de las exclamaciones anteriores. 6

1. ¡Qué va! [d]   5. ☐

2. ☐   6. ☐

3. ☐   7. ☐

4. ☐

3. Escucha otra vez y comprueba. 7

> *Descripción física y de carácter.*

c. ¿Cómo es?

VOCABULARIO

1. Señala en estos personajes las siguientes características físicas.

1. Pelo largo y rubio. ☐
2. Pelo corto y moreno. ☐
3. Ojos claros. ☐
4. Ojos oscuros. ☐
5. Bigote. ☐
6. Barba. ☐

2. Escucha y completa las siguientes descripciones y adivina a qué personaje se refiere cada una de ellas. **8** 🔘

1. Tiene el _____ largo y rubio. Tiene los _____ verdes. ¡No tiene _____!

2. Tiene los _____ oscuros. Tiene el _____ corto y la _____ negra.

3. Escucha las descripciones y señala quiénes son. **9** 🔘

1. _____ .   3. _____ .
2. _____ .   4. _____ .

COMUNICACIÓN

Es	Joven ≠ mayor
	Alto/a ≠ bajo/a
	Delgado/a ≠ gordo/a
	Calvo

Tiene	el pelo largo, corto, rubio, moreno
	el pelo liso, rizado
	los ojos azules, marrones, oscuros ≠ claros

Lleva	gafas
	barba
	bigote

ESCRIBIR

4. Describe a estas dos personas.

HABLAR

5. Describe a una persona de la clase sin decir el nombre. ¿Saben tus compañeros quién es?

Es alta y delgada…   Tiene los ojos…
Tiene el pelo…

VOCABULARIO

6. Relaciona.

1. tacaño   a) alegre

2. antipático   b) generoso

3. maleducado   c) simpático

4. serio   d) educado

5. hablador   e) callado

LEER

7. Completa el párrafo con los verbos del recuadro.

> gusta – gustan – ~~es~~ – beber – Odia

Dolores Fuentes es poetisa. Ella dice que (1) *es* simpática y alegre. Le (2)_____ los hombres y las mujeres generosos. En su tiempo libre lo que más le gusta es mirar al mar. Además, le (3)_____ comer cocido madrileño y (4)_____ vino tinto. (5)_____ las guerras y, por otro lado, le gusta mucho la música clásica. Su película favorita es *Tiempos modernos*, de Charlie Chaplin.

HABLAR Y ESCRIBIR

8. Primero lee las preguntas y luego haz la encuesta a tu compañero/a. Utiliza los adjetivos del vocabulario.

1. ¿Cómo eres tú? *Simpático y hablador.*
2. ¿Cómo te gustan los hombres? _____ y
   _____.
3. ¿Cómo te gustan las mujeres? _____ y
   _____.
4. ¿Qué prefieres hacer en tu tiempo libre?
   _____.
5. ¿Cuál es tu comida preferida? _____.
6. ¿Cuál es tu bebida preferida? _____.
7. ¿Cuál es tu deporte favorito? _____.
8. ¿Qué tipo de música prefieres? _____.
9. ¿Cuál es tu película favorita? _____.

9. Escribe un párrafo parecido al de la actividad 7 sobre tu compañero/a.

10. ¿Sabes qué es un hombre sincero? En la canción *Guantanamera* está la respuesta. Escúchala. 10

7
C

✓ Autoevaluación

1. Mira la sección de espectáculos del periódico y busca la información siguiente.

a) ¿Qué ponen en la tele el viernes?

b) ¿Dónde ponen *El fantasma de la Ópera*?

c) ¿Qué podemos ver en Casa Patas?

d) ¿A qué hora empieza la película de Almodóvar?

e) ¿Qué equipos juegan al fútbol el domingo por la tarde?

f) ¿Qué película podemos ver el domingo?

g) ¿Qué obra ponen en el teatro Fígaro?

h) ¿Quién canta el domingo en el Palacio de Congresos?

ESPECTÁCULOS

VIERNES
TELEVISIÓN
La 2, 22 h: Documental *Exiliados*.
CINE
Cine Ideal, 22.30 h: *Pasos de baile*.
TEATRO
Teatro Lope de Vega, 23 h: *El fantasma de la Ópera* (musical).
MÚSICA
Palacio de Vistalegre, 21.30 h: *Nabucco*, de Verdi.

SÁBADO
TELEVISIÓN
Canal +, 22.30 h: *Todo sobre mi madre*, de Almodóvar.
CINE
Cinema Azul, 20 h: *Arrebato*, de Iván Zulueta.
TEATRO
Teatro Albéniz, 22.30 h: *La Gaviota*, de Chejov.
MÚSICA
Casa Patas, 24 h: *Concierto flamenco*.

DOMINGO
TELEVISIÓN
Antena 3, 20.30 h: *Fútbol*, Real Madrid-Barcelona.
CINE
Cines Princesa, 20.15 h: *Te doy mis ojos*, de Icíar Bollaín.
TEATRO
Fígaro, 22.30 h: *Bodas de sangre*, de García Lorca.
MÚSICA
Palacio de Congresos, 21 h: Concierto de *Alejandro Sanz*.

2. ¿Qué palabra utilizarías para describir a estas personas?

1. Nunca gasta dinero: _____

2. Nunca habla: _____

3. Está siempre hablando: _____

4. Siempre está sonriendo: _____

5. Actúa con mucha educación: _____

6. Hace muchos regalos: _____

3. Describe lo que están haciendo los personajes del dibujo. Utiliza los verbos del recuadro.

> reír – comer – discutir
> escuchar – hablar

Ana se está riendo.

😊😐☹️ *Soy capaz de…*

☐☐☐ *Concertar una cita.*

☐☐☐ *Hablar de acciones en desarrollo.*

☐☐☐ *Describir personas.*

De acá y de allá

LOS SÁBADOS

LOS SÁBADOS POR LA NOCHE

Para los jóvenes la noche del sábado es muy especial. No tienen que estudiar, no tienen que trabajar, no tienen que aprender los verbos irregulares... Entonces, ¿qué hacen los sábados por la noche? Depende. No todos tienen los mismos gustos.

Tomás (dieciocho años, Costa Rica) Conozco a muchas chicas de mi edad, pero normalmente prefiero salir con mis amigos. Hay muchas cosas que nos gusta hacer juntos. Cuando tenemos suficiente dinero vamos al cine o a una cafetería. Si no, vamos a la casa de otro amigo y escuchamos música.

1. Señala verdadero (V) o falso (F).

1. Los jóvenes tienen que estudiar los sábados por la noche. [F]

2. No todos los jóvenes tienen los mismos gustos. ☐

3. Rafael sale sólo con sus amigos. ☐

4. Carolina se queda en casa, viendo la televisión. ☐

5. Tomás, algunas veces, va al cine. ☐

Carolina

(diecisiete años, Perú) Yo no salgo mucho. Mis padres son muy estrictos. Casi nunca me dan permiso para salir de noche. Así que me quedo en casa viendo la televisión.

2. En grupos de cuatro, habla con tus compañeros.

¿Sales a menudo los sábados por la noche?

¿Con quién sales?

¿Adónde te gusta ir?

¿Sales los domingos?

¿Sales solo/a o con tus amigos?

Rafael

(veintitrés años, Alicante) Yo siempre salgo con mi novia y mis amigos. Normalmente vamos al cine y a tomar algo.

7 D

Preguntar e indicar cómo se va a un lugar.

COMUNICACIÓN

| sigue (siga) todo recto | gira (gire) a la izquierda | gira (gire) a la derecha | toma (tome) la 2.ª a la derecha |

A. De vacaciones

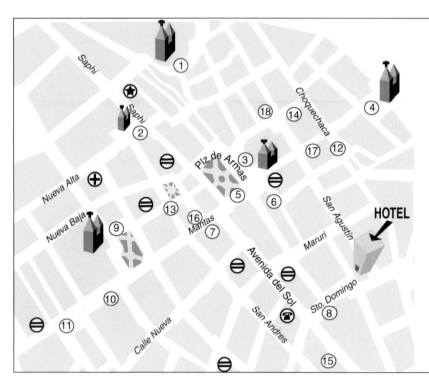

1. San Cristóbal
2. Santa Teresa
3. Catedral
4. San Blas
5. La Compañía
6. Santa Catalina
7. La Merced
8. Santo Domingo
9. San Francisco
10. Santa Clara
11. San Pedro
12. Piedra de los 12 Ángulos
13. Casa de Garcilaso
14. Monasterio de Nazarenas
15. Centro de Arte Nativo
16. Oficina de Correos
17. Museo de Arte
18. Museo Arqueológico

Farmacia

Central telefónica

Posta sanitaria

Estación de policía

1. Mira el mapa de Cuzco y encuentra: una farmacia, la iglesia de San Francisco, una posta sanitaria, el Museo de Arte, una estación de policía y la oficina de correos.

2. Escribe frases como en el ejemplo.

Hay una farmacia en la calle…
La iglesia de San Francisco está en la calle…

3. Lee y escucha el diálogo. Sigue el recorrido en el plano. **11**

LUIS: Buenos días, perdone, ¿puede decirme cómo se va a la plaza de Armas?

RECEPCIONISTA: Sí, ¡cómo no! Es muy sencillo. Salga del hotel hacia la derecha y siga todo recto hasta el final de la calle. Entonces gire a la izquierda. Siga recto y tome la tercera calle a la derecha, la avenida del Sol, y al final de la avenida, girando a la derecha, se encuentra la plaza de Armas.

LUIS: Entonces, giro en la primera a la izquierda y en la avenida del Sol a la derecha. ¿No es así?

RECEPCIONISTA: Así es, señor. En quince minutos puede estar allí.

LUIS: Muchas gracias. ¡Hasta luego!

4. Mira el mapa y completa el diálogo.

a) Desde el hotel:
  A. Perdone, ¿puede decirme dónde está la farmacia más cercana?
  B. _____ por la calle Santo Domingo; gire la primera _____ y, después , la primera _____ .

b) Desde la iglesia de San Francisco:
  A. Por favor, ¿puede decirme cómo se va a la iglesia de Santa Teresa?
  B. Siga todo recto y gire la segunda _____ _____ y después tome la calle _____ .

5. Escucha y comprueba. **12**

HABLAR

6. En parejas, mirando el plano de Cuzco, *A* pregunta y *B* responde. Estamos en la iglesia de Santa Teresa.

1. Perdone, por favor, ¿para ir a la catedral?
2. ¿Puede decirme cómo se va a la plaza de Armas, por favor?
3. ¿La iglesia de San Francisco, por favor?
4. Disculpe, ¿la posta sanitaria, por favor?

Plaza de Armas

VOCABULARIO

7. Escribe la letra correspondiente.

1. medicinas   `c`
2. fruta y carne   ☐
3. periódico   ☐
4. sellos y tabaco   ☐
5. cartas   ☐
6. policía   ☐

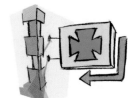

8. Relaciona los establecimientos con el vocabulario anterior.

1. Correos   `e`
2. Quiosco   ☐
3. Farmacia   ☐
4. Mercado   ☐
5. Estanco   ☐
6. Comisaría   ☐

Hablar del pasado (ayer).

B. ¿Qué hizo Rosa ayer?

1. ¿Adónde fuiste el sábado?

Yo fui a _____ .
Yo no salí, me quedé en casa.

2. Relaciona las frases con las imágenes.

1. Salió de casa a las ocho de la mañana. ☐ d
2. Empezó a trabajar a las ocho y media. ☐
3. Comió en la cafetería del hospital. ☐
4. Terminó de trabajar a las cinco de la tarde. ☐
5. Por la tarde, fue al supermercado. ☐
6. Compró algo de fruta para la cena. ☐

GRAMÁTICA

Pretérito indefinido			
	Trabajar	**Comer**	**Salir**
yo	trabajé	comí	salí
tú	trabajaste	comiste	saliste
él/ella/Vd.	trabajó	comió	salió
nosotros/as	trabajamos	comimos	salimos
vosotros/as	trabajasteis	comisteis	salisteis
ellos/ellas/Vds.	trabajaron	comieron	salieron

3. Escribe las siguientes frases en pretérito indefinido.

1. Ayer / no leer / el periódico. (yo)
   Ayer no leí el periódico.
2. El lunes / Juan y yo / comer / en un restaurante nuevo.
   _____
3. Anoche / cenar / con María. (nosotros)
   _____
4. Mis amigos / no trabajar / el sábado.
   _____
5. ¿Comprar / ayer / el periódico? (tú)
   _____
6. Eduardo / llevar / al niño al colegio.
   _____
7. ¿Salir / el viernes por la noche? (vosotros)
   _____

ESCUCHAR

4. ¿Qué hizo Rosa ayer? Completa los huecos con el pretérito indefinido de los verbos.

> acabar – cenar – visitar – pasar
> llegar – atender – invitar

Ayer, como todos los días, me levanté a las siete de la mañana y me preparé para ir a trabajar. Al llegar al hospital, como todos los días, (1) atendí a los enfermos de la consulta y (2)_____ a los pacientes de las habitaciones. A las cinco de la tarde, como todos los días, (3)_____ de trabajar y (4)_____ por el supermercado a comprar algo para la cena. A las seis de la tarde (5)_____ por fin a casa, muy cansada, como todos los días. Pero ayer fue diferente: mi marido me (6)_____ a un concierto y después (7)_____ en mi restaurante favorito.

5. Escucha y comprueba. **13**

GRAMÁTICA

Pretérito indefinido		
verbos irregulares		
	Ir	**Estar**
yo	fui	estuve
tú	fuiste	estuviste
él/ella/Vd.	fue	estuvo
nosotros/as	fuimos	estuvimos
vosotros/as	fuisteis	estuvisteis
ellos/ellas/Vds.	fueron	estuvieron

ESCUCHAR

6. Soledad y Federico son dos ejecutivos argentinos. Escúchalos y completa el cuadro con las ciudades en las que estuvieron la semana pasada. **14**

Lima – Madrid – Buenos Aires
Río de Janeiro – Caracas

	Soledad	Federico
Lunes	_____	_____
Martes	_____	_____
Miércoles	_____	_____
Jueves	_____	_____
Viernes	_____	_____

HABLAR

7. Completa las preguntas con el pretérito indefinido.

1. ¿A qué hora *te levantaste* ayer?
2. ¿A qué hora (empezar) _____ a trabajar?
3. ¿Dónde (ir) _____ a comer?
4. ¿Con quién (comer) _____?
5. ¿Dónde (estar) _____ después de comer?
6. ¿A qué hora te (acostar) _____?

8. Haz las preguntas anteriores a tu compañero/a y luego escribe sobre él/ella.

Ayer mi compañero se levantó a las…

PRONUNCIACIÓN Y ORTOGRAFÍA

Acentuación

1. Escucha y señala lo que oyes. **15**

1. a) Llevo gafas ☐
   b) Llevó gafas ☐
2. a) Como mucho ☐
   b) Comió mucho ☐
3. a) ¿Abro la puerta? ☐
   b) ¿Abrió la puerta? ☐
4. a) ¿Hablo más alto? ☐
   b) ¿Habló más alto? ☐
5. a) Entro a las ocho. ☐
   b) Entró a las ocho. ☐
6. a) Trabajo por la mañana. ☐
   b) Trabajó por la mañana. ☐
7. a) Estudio Geografía. ☐
   b) Estudió Geografía. ☐

2. Escucha otra vez y repite. **15**

8 B

Hablar del tiempo.
Meses y estaciones del año.

C. ¿Qué tiempo hace hoy?

1. Relaciona las siguientes expresiones con las fotos.

1. hace frío   `e`
2. hace calor   ☐
3. hace viento   ☐
4. está nublado   ☐
5. está lloviendo   ☐
6. hay nieve   ☐

2. Contesta las siguientes preguntas.

1. ¿Qué tiempo hace hoy?
2. ¿Qué tiempo te gusta más?
    Me gusta cuando…

3. Completa el siguiente calendario con el tiempo que suele hacer en tu ciudad en los distintos meses del año.

enero	_____	julio	_____
febrero	_____	agosto	_____
marzo	_____	septiembre	_____
abril	_____	octubre	_____
mayo	_____	noviembre	_____
junio	_____	diciembre	_____

HABLAR

4. Pregunta a tu compañero/a.

1. ¿Cuándo es tu cumpleaños?
    Mi cumpleaños es el…
2. ¿Cuándo es el cumpleaños de tu madre?
3. ¿Cuándo es el cumpleaños de tu padre?
4. ¿Cuándo es el cumpleaños de tu mejor amigo?

8 C

5. Completa el texto con las palabras del recuadro.

> veces – mucho – hace (2) – primavera
> altas – enero – noviembre – julio

En Toledo, durante los meses de invierno (diciembre, (1)_____ y febrero) (2)_____ mucho frío y algunas (3)_____ nieva. Durante la (4)_____ (marzo, abril y mayo), suben las temperaturas y empieza a hacer buen tiempo. En verano (junio, (5)_____ y agosto), hace (6)_____ calor. Todos los días hace mucho sol y las temperaturas son muy (7)_____. En otoño (septiembre, octubre y (8)_____), los días son más cortos, el cielo está nublado y a veces llueve y (9)_____ viento.

6. Escucha y comprueba. 16

7. Escribe un párrafo sobre el tiempo en tu país.

ESCUCHAR

8. Escucha el informe meteorológico y completa la tabla. 17 ⊙

	Brasil	Caribe	México
Tiempo			
Temperatura			

LEER

9. Lee el texto y contesta a las preguntas.

¿En qué festividades:
1. reciben regalos los niños?
2. las celebraciones duran dos semanas?
3. se encienden velas?
4. se utilizan trajes regionales?
5. se baila en las calles?
6. se representa la muerte de Jesucristo?

VEN A DISFRUTAR DE TUS VACACIONES EN MÉXICO Y PARTICIPA CON NOSOTROS EN NUESTRAS FIESTAS TRADICIONALES

CARNAVAL: Los festejos de Carnaval se celebran en febrero. Empiezan en viernes y terminan el martes de la semana siguiente. Durante estos días la gente baila en las calles, en los hoteles y en las casas de la ciudad, en un ambiente muy alegre. Las mujeres se visten con hermosos trajes regionales y bailan sus danzas tradicionales.

SEMANA SANTA: La Semana Santa se celebra en marzo o en abril. Los habitantes de los pueblos hacen procesiones, llevan velas y ofrecen flores. También se realizan representaciones de los principales hechos de la pasión y muerte de Jesucristo.

DÍA DE LOS MUERTOS: El 1 de noviembre pueblos enteros van a las tumbas de sus muertos, llevándoles dulces, comida y flores. El espectáculo es impresionante por la noche cuando se encienden las velas en los cementerios.

FIESTAS DE NAVIDAD Y AÑO NUEVO: Estas fiestas empiezan el 24 de diciembre y terminan el 6 de enero, cuando los tres Reyes Magos dejan juguetes y golosinas en los zapatos de los niños.

✓ Autoevaluación

1. ¿Dónde se puede/n encontrar…

1. sellos? *en el estanco.*
2. revistas? _____
3. aspirinas? _____
4. carne y pescado? _____
5. un cartero? _____
6. un policía? _____

2. ¿Verdadero o falso?

1. En el desierto llueve mucho.   F
2. Cuando hace calor no llevo abrigo. ☐
3. Siempre nieva en verano. ☐
4. En otoño caen las hojas de los árboles. ☐
5. Cuando hace mucho viento es difícil
   abrir el paraguas. ☐
6. Cuando llueve está nublado. ☐

3. Ordena los párrafos de la postal que Carolina escribe a Rosa.

> *Rosa García Iglesias*
> *C. Príncipe, 15 – 1º izda.*
> *28080 Madrid*
>
> franqueo pagado
>
> *Querida Rosa:*
>
> *a) Después ellos fueron a la plaza Mayor a tomar un aperitivo y yo me fui de compras con Ana, mi compañera de piso.*
> *b) Segovia es una ciudad preciosa. Ayer estuve allí de excursión con unos amigos.*
> *c) Al final del día, Ana y yo hicimos unas fotos del acueducto. El tiempo se pasó muy rápido, pero fueron unas horas inolvidables.*
> *d) Por la mañana visitamos la catedral y el alcázar.*
> *e) Por la tarde, todos bajamos al río. Dimos un paseo muy agradable.*
>
> *¡Hasta pronto!*
> *Carolina*

4. Completa el siguiente texto con el pretérito indefinido de los verbos.

> Ayer me (levantar) (1) *levanté* a las 6.30 de la mañana. Mi marido y yo (desayunar) (2)_____ juntos y después él se (3)_____ (ir) a trabajar en tren y yo me (4)_____ (ir) en coche. Mis hijos (5)_____ (estar) en el colegio hasta las 3. Luego, todos (6)_____ (comer) juntos. Por la tarde, mi marido (7)_____ (preparar) la cena mientras yo (8)_____ (ayudar) a mi hijo pequeño con los deberes. A las 11.30 nos (9)_____ (ir) todos a dormir.

5. Escucha a Sara, Lucía y Carlos hablando de sus últimas vacaciones y completa la tabla. **18**

	Sara	Lucía	Carlos
1. ¿Dónde estuvieron?			
2. ¿Qué transporte utilizaron?			
3. ¿Con quién estuvieron?			
4. ¿Cuánto tiempo estuvieron?			

😄😐☹️ *Soy capaz de…*

☐ ☐ *Preguntar e indicar cómo se va a un lugar.*

☐ ☐ *Hablar del pasado.*

☐ ☐ *Hablar del tiempo.*

De acá y de allá

DE VACACIONES

1. Con tus compañeros/as elabora una lista de ciudades y monumentos españoles que conozcáis.

2. Lee y escucha. **19**

VACACIONES EN ESPAÑA

Hay tantas cosas que ver en España que es difícil seleccionar las más interesantes. Si empezamos por el Noroeste, podemos visitar Galicia y allí pararnos a ver Santiago de Compostela y su catedral. Siguiendo por la costa cantábrica, el viajero descubre paisajes inolvidables de praderas suaves y pequeñas playas entre acantilados. Desde el País Vasco nos dirigimos a Cataluña, que mira al Mediterráneo. La ciudad catalana más importante es Barcelona, puerto de mar y punto de partida y llegada de barcos de todo el mundo. Podemos seguir nuestro viaje por la costa mediterránea para disfrutar de las ciudades y playas que llegan hasta Almería y Málaga, en Andalucía. También la comunidad andaluza merece una atención especial por los restos de cultura árabe que se pueden ver en Córdoba, Sevilla y Granada, especialmente. Desde Córdoba podemos ir a Madrid, atravesando la Mancha, la tierra de Don Quijote, el héroe de Cervantes. Aquí acaba nuestro viaje por esta vez, pero aún nos quedan por ver muchos otros paisajes y ciudades.

3. Señala verdadero (V) o falso (F).

1. La catedral de Santiago está en Galicia. ☐
2. Barcelona está en la costa cantábrica. ☐
3. En Córdoba hay restos árabes. ☐
4. Almería no tiene playa. ☐
5. La Mancha está al sur de Madrid. ☐

8 D

4. Señala en el mapa el recorrido del viaje propuesto en el texto.

**Recursos para comprar.
Pronombres de objeto directo.**

A. ¿Cuánto cuestan estos zapatos?

1. Comenta con tus compañeros y compañeras.

¿Te gusta ir de compras?

¿Dónde compras, en tiendas pequeñas o en grandes almacenes?

2. Celia y Álvaro van de compras. Completa el diálogo con las palabras del recuadro.

> ¿cuánto cuestan – No están mal
> Gracias – preciosos

CHICA: Mira estos zapatos, Álvaro, son
(1)_____ .

CHICO: (2)_____ , pero a mí me
gustan más aquellos marrones.

CHICA: Oiga, ¿(3)_____ estos zapatos
negros?

DEPENDIENTE: 90 euros.

CHICA: ¿Y aquellos marrones?

DEPENDIENTE: 115 euros.

CHICA: ¿115 euros? (4)_____ , tengo que
pensarlo.

3. Escucha el resto de la conversación.
¿Qué otras cosas miran Celia y Álvaro?
¿Lo compran o no? **20**

¿Qué miran?	¿Cuánto cuesta?	¿Lo compran?

4. Ordena la conversación siguiente:

DEPENDIENTE:	180 euros.	☐
CLIENTE:	¿Puedo probármelas?	☐
DEPENDIENTE:	Buenos días, ¿puedo ayudarla?	1
CLIENTE:	Me gustan, me las llevo.	☐
DEPENDIENTE:	Sí, éstas están rebajadas, cuestan 120 euros.	☐
CLIENTE:	Sí, ¿cuánto cuestan estas gafas de sol?	☐
DEPENDIENTE:	¿Cómo paga, con tarjeta o en efectivo?	☐
CLIENTE:	¿No tiene otras más baratas?	☐
DEPENDIENTE:	Sí, claro.	☐
CLIENTE:	Con tarjeta.	☐

5. Escucha y comprueba. **21**

HABLAR

6. En parejas. Practica la conversación anterior. *A* es el vendedor y *B* es el cliente. Podéis comprar un bolso, unos vaqueros, un anillo...

aquellos zapatos

estos zapatos

esos zapatos

GRAMÁTICA

Demostrativos (adjetivos y pronombres)

Singular		Plural	
Masculino	Femenino	Masculino	Femenino
este	esta	estos	estas
ese	esa	esos	esas
aquel	aquella	aquellos	aquellas

Pronombres demostrativos

esto	eso	aquello

7. Subraya el demostrativo adecuado.

1. ¿Te gustan *estos / estas* gafas de sol?

2. ¿Cuánto cuesta *este / esto* anillo?

3. ¿De quién es *esta / esto*?

4. ¿De quién es *esta / este* cartera?

5. Luis, trae *aquel / aquello* bolso.

6. ¿Cuánto cuestan *estos / esto* vaqueros?

7. ¿Qué es *aquellos / aquello*?

8. Dame *esa / ese* caja de ahí.

9. *Eso / esos* no me gusta.

Pronombres de objeto directo

Me gusta **este jersey,** ¿puedo probárme**lo**?

Me gusta **esta camisa,** ¿puedo probárme**la**?

Me gustan **estos pantalones,** ¿puedo probárme**los**?

Me gustan **estas gafas** de sol, ¿puedo probárme**las**?

8. Completa las frases con los pronombres *lo, la, los, las.*

1. Me gusta mucho este jersey, me *lo* llevo.

2. ¿Sabes dónde están mis gafas?, no _____ veo.

3. A. ¿Quién es ése?

   B. No lo sé, no _____ conozco.

   A. ¿Y aquella morena?

   B. Tampoco _____ conozco.

4. A. Y tus amigos Pepa y Jaime, ¿qué tal están?

   B. No sé, hace tiempo que no _____ veo.

5. A. ¿Te quedan bien los vaqueros?

   B. Sí, me _____ llevo.

6. A. ¿Conoces a mis padres?

   B. Sí, _____ vi en tu boda.

¿Qué es esto?

Es un regalo para ti.

| Describir la ropa.

B. Mi novio lleva corbata

1. Responde.

a) ¿De qué color llevas hoy la camiseta/camisa?

b) ¿De qué color son los autobuses en tu ciudad?

2. Escribe el nombre debajo de cada descripción.

1. Lleva una falda negra, una camiseta morada y unas medias negras también.

_____

2. Lleva unos pantalones vaqueros, una camisa azul y unas playeras marrones.

_____

3. Lleva una camisa marrón, muy elegante, y una corbata amarilla. También lleva una chaqueta marrón más oscuro.

_____

4. Lleva unos pantalones negros, una camiseta roja y un collar a juego con los pendientes.

_____

3. Escucha y comprueba. 22

GRAMÁTICA

Adjetivos			
Singular		**Plural**	
Masculino	**Femenino**	**Masculino**	**Femenino**
blanc**o**	blanc**a**	blanc**os**	blanc**as**
verd**e**	verd**e**	verd**es**	verd**es**
azul	azul	azul**es**	azul**es**

Los adjetivos de color terminados en **-a** (*rosa, naranja, fucsia*) no cambian:
Me gusta ese coche (de color) **naranja.**

ESCRIBIR

4. Describe la ropa de dos compañeros/as, léelo en voz alta. Los demás tienen que adivinar quiénes son.

LEER Y HABLAR

5. Responde al cuestionario.

TU ROPA Y TÚ

1. ¿Cómo prefieres la ropa?
   a) cómoda ☐
   b) elegante ☐
   c) moderna ☐

2. ¿Con quién vas a comprarla?
   a) con mi madre ☐
   b) solo/a ☐
   c) con un amigo/a ☐

3. ¿Cuándo compras ropa?
   a) todos los meses ☐
   b) una vez al año ☐
   c) cuando necesito algo ☐

4. Si vas a una entrevista de trabajo, ¿qué te pones?
   a) algo formal: un traje, por ejemplo. ☐
   b) algo cómodo: pantalones vaqueros. ☐
   c) algo informal, pero elegante: una falda bonita / una americana moderna. ☐

5. Cuando vas a la fiesta de cumpleaños de un/a amigo/a, ¿qué llevas?
   a) algo cómodo: camiseta y vaqueros. ☐
   b) algo elegante: un vestido largo / camisa y pantalón negros. ☐
   c) me da igual: lo primero que encuentro. ☐

6. ¿Qué color es el más elegante?
   a) negro ☐
   b) rojo ☐
   c) blanco ☐
   d) otro: _____

7. ¿Cuál es tu color preferido para la ropa?
   _____

6. Compara tus respuestas con las de tu compañero o compañera.

VOCABULARIO

7. Relaciona los adjetivos contrarios.

1. caro	a) oscuro
2. cómodo	b) estrecho
3. claro	c) incómodo
4. ancho	d) grande
5. corto	e) sucio
6. limpio	f) antiguo
7. moderno	g) barato
8. pequeño	h) largo

8. Escribe cinco frases utilizando estos adjetivos.

Rosa lleva una falda larga.

9. Lee las frases a tus compañeros/as.

PRONUNCIACIÓN Y ORTOGRAFÍA

g / j

/x/ ja, je, ji, jo, ju
     ge, gi

/g/ ga, go, gu
     gue, gui

1. Escucha y repite. 23

jamón – jugar – rojo – julio – joven
gimnasia – jefe – jirafa – geranio – genio

gato – goma – agua – guerra – guitarra
guapo – águila – Guadalajara – gota

2. Escucha y señala lo que oyes. 24

gusto/justo – gabón/jabón – higo/hijo

hago/ajo – pagar/pajar

Comparar.

C. Buenos Aires es más grande que Toledo

Buenos Aires

Buenos Aires

Toledo

Toledo

1. ¿Vives en un pueblo o en una ciudad? Señala los adjetivos que describen tu pueblo o ciudad.

moderno/a ☐   ruidoso/a ☐
tranquilo/a ☐   grande ☐
antiguo/a ☐   limpio/a ☐
pequeño/a ☐

2. Mira las fotos de Buenos Aires y Toledo, lee las frases y señala si las afirmaciones son verdaderas (V) o falsas (F).

1. Buenos Aires es más antigua que Toledo.   F

2. Toledo es más pequeña que Buenos Aires.   ☐

3. Toledo no tiene tantos habitantes como Buenos Aires.   ☐

4. Las calles de Buenos Aires son más anchas que las calles de Toledo.   ☐

5. Toledo es más ruidosa que Buenos Aires.   ☐

6. Buenos Aires está más contaminada que Toledo.   ☐

3. Completa las frases con *más, menos, que, tan, como.*

1. Tu coche no es *tan* rápido *como* el mío.

2. Ese vestido es más caro _____ este.

3. Vuestra habitación no es tan grande _____ la nuestra.

4. El avión es _____ rápido _____ el coche.

5. La bicicleta es _____ ruidosa _____ el tren.

6. El taxi no es _____ barato _____ el metro.

7. Un traje siempre es _____ elegante _____ unos pantalones vaqueros.

GRAMÁTICA

Comparativos

más + adjetivo + que
Juan es más simpático que Pedro.

menos + adjetivo + que
Pedro es menos simpático que Juan.

tan + adjetivo + como
Juan (no) es tan alto como Pedro.

Comparativos irregulares

bueno	**mejor / mejores + que**

*Esta película es **mejor** que esa.*

malo	**peor / peores + que**

*Esos pasteles son **peores** que estos.*

grande	**mayor / mayores + que**

*Yo soy **mayor** que ella.*

pequeño	**menor / menores + que**

*Sus hijos son **menores** que los míos.*

4. Completa el diálogo con los comparativos *peor/es, mejor/es, mayor/es*.

ÉL: Voy a preparar mi maleta para el viaje, a ver…
        ¿qué llevo? Mira, estos zapatos están bien, ¿no?

ELLA: No, para ir a la montaña, las botas son
        (1)_____ _____ los zapatos.

ÉL: Tienes razón. ¿Llevo los vaqueros?

ELLA: No, para el frío son (2)_____ los pantalones
        de pana.

ÉL: Bueno, llevo los dos y ya está.

ELLA: ¿Por qué llevas la maleta azul?

ÉL: Pues porque es (3)_____ _____ la gris,
        tiene ruedas.

ELLA: Yo prefiero la gris, caben más cosas. Toma el
        paraguas, guárdalo.

ÉL: ¿El rojo? No, este es (4)_____ _____ el
        negro y más pequeño.

ELLA: Lo siento, el negro ya está en mi maleta.

5. Escucha y comprueba. **25**

6. Observa el dibujo y elige la opción correcta.

1. Carlos es (*mayor / menor*) que Clara.
2. Clara es (*mayor / menor*)
   que Carlos.
3. Clarita es (*mayor / menor*)
   que Carlitos.
4. Carlitos es
   (*mayor / menor*)
   que Clarita.

CARLOS
40 AÑOS

CLARITA
5 AÑOS

CLARA
42 AÑOS

CARLITOS
3 AÑOS

VOCABULARIO

7. Relaciona.

1. Música   a) rica
2. Playas   b) clásica
3. Canción   c) inteligente
4. Comida   d) alta
5. Montaña   e) caro
6. Persona   f) desiertas
7. Restaurante   g) bonita

8. Escribe frases comparando.

1. El tren y el avión (*rápido / lento*).
   El avión es más rápido que el tren.
3. Nueva York y París (*grande / pequeño*).
4. La comida italiana y la comida japonesa
   (*rica / mala*).
5. Los coches y las motos (*seguros / inseguros*).
6. Vivir en el campo y vivir en la ciudad
   (*aburrido / divertido*).
7. La comida casera y la comida rápida
   (*buena / mala*).
8. La música clásica y la música moderna
   (*relajante / estresante*).
9. Isaac Newton y Albert Einstein (*inteligente*).

HABLAR

9. Compara tus frases con las de tu compañero/a.

9
C

Autoevaluación

1. Completa las descripciones con los adjetivos del recuadro.

> negra – negros – marrones
> blanca – marrón

> Rafael viene hoy muy elegante. Lleva unos pantalones (1) *marrones* , una camisa (2)_____ y una corbata a rayas. La chaqueta es de color (3)_____ , pero más oscuro que los pantalones y los zapatos, (4)_____ . También lleva una cartera (5)_____ .

> moderno – negras – negros
> azules – roja – negra

> Marina viene hoy a clase con ropa deportiva. Lleva unos pantalones (6)_____ , una camiseta (7)_____ con un estampado muy (8)_____ , unas zapatillas deportivas (9)_____ , unos calcetines (10)_____ y, en el pelo, una cinta también (11)_____ .

2. Relaciona.

1. Buenos días, ¿puedo ayudarle?   ☐ f
2. ¿Puedo probarme estos pantalones?   ☐
3. ¿Cómo paga, con tarjeta o en efectivo?   ☐
4. Álvaro, ¿te gustan estos zapatos?   ☐
5. ¿No tiene otro más barato?   ☐
6. ¿Cómo le queda la falda?   ☐

a) Bien, me la llevo.
b) No mucho, me gustan más aquellos.
c) Sí, claro, allí están los probadores.
d) Con tarjeta.
e) Sí, este sólo cuesta 30 euros.
f) Sí, ¿cuánto cuestan estas gafas?

3. Completa con los pronombres *lo, la, los, las*.

JULIA: ¿Qué llevas en esa bolsa?
CRISTINA: Los regalos de Navidad.
JULIA: ¿Puedo (1) ver*los*?

CRISTINA: Bueno, estos paquetes son para los abuelos: una corbata y un pañuelo.
JULIA: ¿Y esas cajas blancas?
CRISTINA: Son para mamá y papá.
JULIA: ¿Puedo (2) abrir_____?
CRISTINA: No, es una sorpresa.
JULIA: ¿Y ese coche rojo? ¿Es para Raúl?
CRISTINA: Sí, tengo que (3) envolver_____ primero. ¿Tienes papel de regalo?
JULIA   Sí, (4)_____ tengo en el primer cajón de la mesa. ¿Para quién es esta raqueta? ¿Para mí?
CRISTINA: No, es para Raúl, (5)_____ voy a envolver también.
JULIA: ¿Y para mí?
CRISTINA: Es este paquete, ¿(6)_____ quieres ver ahora? ¿No prefieres esperar?
JULIA: No, ahora, (7) ábre_____ , por favor.
CRISTINA: ¡Un cinturón negro! Me encanta. ¿Puedo (8) ponérme_____ hoy?

4. Selecciona la opción correcta.

1. A. ¿Qué es *esto / este*?
   B. Es un cuaderno, ¿te gusta?
2. A. ¿Quién es *eso / ese* chico?
   B. Es mi hermano *mayor / más grande*.
3. A. ¡Mira! Están robando una moto del garaje.
   B. ¿Cuál?
   A. *Esta / Aquella* moto del fondo, la azul.
4. A. ¿Cuánto valen *estas / aquellas* bolsas de caramelos, las de allí?
   B. 3 euros, pero *estas / esas* otras de aquí son *más / menos* baratas, valen 1,50.

5. Escribe el adjetivo contrario.

1. Antiguo   *moderno*   4. Claro   _____
2. Sucio   _____   5. Barato   _____
3. Tranquilo   _____   6. Largo   _____

😀 😐 ☹   *Soy capaz de...*

☐☐☐   *Hacer algunas compras.*

☐☐☐   *Describir la ropa.*

☐☐☐   *Hacer comparaciones.*

De acá y de allá

PINTURA ESPAÑOLA E HISPANOAMERICANA

1. ¿Conoces algún cuadro o pintor español o hispanoamericano?

2. Mira los cuadros y relaciona los títulos con sus autores.

1. *Guernica.* ____   2. *Murales de la Alameda.* ____
3. *La jungla.* ____   4. *Muchacha de espaldas.* ____

a) Wifredo Lam (1902-1982) b) Pablo Picasso (1881-1973)
c) Diego Rivera (1886-1957) d) Salvador Dalí (1904-1989)

9
D

LEER

3. Lee el texto.

BREVE HISTORIA DEL *GUERNICA* DE PICASSO

En 1937, en plena Guerra Civil española, el gobierno de la República española encargó a Pablo Picasso un cuadro para exponerlo en el pabellón de España de la Exposición Universal de París. En esos días se produjo un ataque de la aviación alemana contra Guernica, un pueblo de Euskadi, en el norte de España.

Picasso, en recuerdo de ese bombardeo, pintó su cuadro, en el que reflejó el dolor y el sufrimiento de la gente en la guerra.

Durante la II Guerra Mundial el cuadro fue trasladado al Museo de Arte Moderno de Nueva York (MOMA).

El cuadro está en Madrid desde 1981, cuando España era ya una democracia, como soñaba Picasso.

Actualmente se expone en el Museo Nacional de Arte Contemporáneo Reina Sofía, de la capital española, y cada año lo ven millones de personas.

4. ¿Verdadero (V) o falso (F)?

1. El gobierno español encargó un cuadro a Picasso. | V |
2. En París se celebró una Exposición Universal. | |
3. En París hubo un bombardeo. | |
4. El cuadro estuvo en Nueva York más de 30 años. | |
5. Ahora el cuadro está en Madrid. | |

5. Comenta con tus compañeros.

¿Qué cuadro te gusta más?
¿Cuál te gusta menos?
¿Te gusta la pintura?
¿Vas a los museos con frecuencia?

10

Hablar de enfermedades.
Verbo doler.

A. La salud

1. ¿Vas mucho al médico? ¿Cuándo? ¿En verano, en invierno, en primavera...?

2. Mira el dibujo, escucha y repite. **26**

espalda
cuello
oreja
cara
hombro
mano
brazo
dedos
pecho
rodilla
pierna
pie

ESCUCHAR

3. Escucha y relaciona cada personaje con su problema de salud. **27**

1. A Rosa		a) los oídos
2. A Daniel	le duele	b) el estómago
3. A Ramón		c) la espalda
4. A Julia	le duelen	d) la cabeza
5. A Andrés		e) la garganta
6. Ana	tiene	f) las muelas
7. A Ricardo		g) fiebre

4. Lee y escucha los siguientes diálogos y contesta las preguntas. **28**

1.

SARA: ¡Hola, Ángel!, ¿qué tal estás?

ÁNGEL: No muy bien.

SARA: ¿Qué te pasa?

ÁNGEL: Tengo una gripe muy fuerte.

SARA: ¿Y qué tomas cuando estás así?

ÁNGEL: De momento, nada.

SARA: ¿Por qué no tomas una aspirina y un vaso de leche con miel y te vas a la cama?

ÁNGEL: Sí, creo que es mejor.

2.

RAÚL: ¡Qué mala cara tienes! ¿Qué te pasa?

LUISA: Me duele muchísimo el estómago.

RAÚL: ¿Por qué no vas al médico?

LUISA: Sí, voy a ir mañana.

RAÚL: Mira, tómate un té y acuéstate sin cenar.

LUISA: Sí, creo que es lo mejor. Mañana voy al médico.

1. ¿Qué le pasa a Ángel?
2. ¿Qué le aconseja Sara?
3. ¿Qué le pasa a Luisa?
4. ¿Qué le aconseja Raúl?

Ana

Ramón

Julia

Andrés

Rosa

Ricardo

Daniel

GRAMÁTICA

Verbo Doler

(A mí)	me		
(A ti)	te		
(A él/ella/Vd.)	le	**duele**	la cabeza
(A nosotros/as)	nos	**duelen**	los oídos
(A vosotros/as)	os		
(A ellos/ellas/Vds.)	les		

5. Completa con el pronombre y la forma adecuada del verbo *doler*.

1. A mi hermano *le duelen* las piernas.

2. A mí _____ las muelas.

3. Carmen y Chus son peluqueras y _____ la espalda.

4. ¿A ti _____ algo?

5. ¡No hagáis tanto ruido! Al abuelo y a mí _____ la cabeza.

6. ¿A usted no _____ el estómago con esa comida tan fuerte?

6. Relaciona estos problemas de salud con su remedio.

1. dolor de cabeza — a

2. dolor de garganta — ☐

3. dolor de espalda — ☐

4. dolor de muelas — ☐

5. fiebre — ☐

6. dolor de oídos — ☐

a) tomar una aspirina.

b) ir a un gimnasio.

c) ir al médico.

d) ir al dentista.

e) tomar miel con limón.

f) acostarse y descansar.

ESCUCHAR

7. Escucha y completa las siguientes conversaciones. **29** 🔘

a) El paciente n.º 1 tiene *la gripe*.
Consejo del médico: tomar _____ y
_____ .

b) Al paciente n.º 2 le duele _____ .
Consejo del médico: tomar _____ y
_____ .

c) Al paciente n.º 3 le duele _____ .
Consejo del médico: no tomar _____ ni
_____ , comer _____ y _____
y tomar _____ .

HABLAR

8. En parejas, practica diálogos como en el ejemplo, dando consejos para los problemas de salud de tu compañero (mira la actividad 6).

10
A

¿Qué te pasa?

Me duele la cabeza.

¿Por qué no te tomas una aspirina?

B. Antes salíamos con los amigos

1. "Antes la gente era más feliz que ahora". ¿Estás de acuerdo?

No estoy de acuerdo porque antes no había televisión.

2. Lee y escucha el siguiente texto. **30**

Elena y Emilio ya son padres. Su vida cambió cuando, de repente, se encontraron con... dos bebés en los brazos.

ELENA: Antes de ser padres teníamos una vida social muy activa: viajábamos, íbamos al cine, salíamos con los amigos, teníamos mucho tiempo libre. Emilio jugaba al hockey, yo estudiaba alemán...

EMILIO: Ahora todo es distinto. Dedicamos todo nuestro tiempo a Álvaro y Adrián, que son maravillosos.

3. ¿Verdadero (V) o falso (F)?

1. Elena y Emilio tienen un bebé. ☐
2. Antes viajaban mucho. ☐
3. Emilio no practicaba deportes. ☐
4. Ahora están muy ocupados con sus hijos. ☐

GRAMÁTICA

Pretérito imperfecto de los verbos regulares

	Viajar	Tener	Salir
yo	viaja**ba**	ten**ía**	sal**ía**
tú	viaja**bas**	ten**ías**	sal**ías**
él/ella/Vd.	viaja**ba**	ten**ía**	sal**ía**
nosotros/as	viajá**bamos**	ten**íamos**	sal**íamos**
vosotros/as	viaja**bais**	ten**íais**	sal**íais**
ellos/ellas/Vds.	viaja**ban**	ten**ían**	sal**ían**

4. Elige la forma correcta del verbo en las siguientes frases:

1. Antes Elena y Emilio no *tenían / tienen* hijos.
2. Cuando no tenían hijos, Elena y Emilio *viajan / viajaban* por todo el mundo.
3. Ahora Elena no *estudiaba / estudia* alemán.
4. Emilio ya no *juega / jugaba* al hockey.
5. Antes de ser padres, *salían / salen* los fines de semana con sus amigos.

Pretérito imperfecto de los verbos irregulares

	Ir	Ser	Ver
yo	iba	era	veía
tú	ibas	eras	veías
él/ella/Vd.	iba	era	veía
nosotros/as	íbamos	éramos	veíamos
vosotros/as	ibais	erais	veíais
ellos/ellas/Vds.	iban	eran	veían

5. Completa el siguiente texto sobre la vida de Emilio.

Yo antes (1) *era* jugador de un equipo de hockey.
(2)_____ (entrenar) tres días a la semana. Los
domingos mis compañeros y yo (3)_____
(jugar) un partido de liga. Cada dos semanas nos
(4)_____ (ir) en autocar al campo del equipo
contrario. A veces, Elena me (5)_____ (acompañar)
y después de los partidos (6)_____ (ir) a cenar
todos juntos. Todo (7)_____ (ser) estupendo.
¡Pero ahora es más divertido porque somos cuatro!

HABLAR

6. ¿Cómo era tu vida cuando tenías 10
o 12 años? En parejas, pregunta y responde
a tu compañero/a.

1. ¿Cómo era tu colegio?

2. ¿A qué hora entrabas y a qué hora salías?

3. ¿Qué hacías cuando salías del colegio?

4. ¿Comías en el colegio o en tu casa?

5. ¿Qué hacías los domingos por la mañana?,
¿y por la tarde?

6. ¿Cómo era tu profesor o profesora favorito?

7. ¿Qué hacías durante las vacaciones de verano?

7. ¡A Federico le tocó la lotería! Comenta
con tu compañero qué cosas son ahora
diferentes en su vida. Utiliza los verbos del
recuadro.

> tener – desayunar – regalar
> navegar – comer – ~~vivir~~

Antes no vivía en un chalé.

ESCUCHAR

8. Escucha la historia
de Martina y elige la
respuesta correcta. **31**

1. Martina tiene:
   a) casi cien años.
   b) menos de ochenta años.

2. Cuando era pequeña, vivía:
   a) con sus padres.
   b) con sus hermanos y su madre.

3. Trabajaba en el campo:
   a) cuando era una niña.
   b) después de terminar sus estudios.

4. Trabajaba:
   a) ocho horas diarias.
   b) doce horas diarias.

5. A los diecinueve años tenía:
   a) dos hijos.
   b) un hijo.

6. Los sábados y domingos:
   a) compraba en el mercadillo.
   b) trabajaba en el mercadillo.

10
B

C. Voy a trabajar en un hotel

1. Lee este correo.

Voy a trabajar en un hotel

Enviar | Chat | Adjuntar | Dirección | Tipo de letra | Colores | Borrador

Para: fernando@mail.com
Cc:
Asunto: Voy a trabajar en un hotel
Cuenta: Santiago <santiago@yahoo.es>

¡Hola, Fernando!
¡Por fin terminó el curso! Tengo muchos planes para este verano: en julio voy a trabajar en un hotel en Cádiz durante un mes, porque quiero ahorrar dinero para viajar por Europa. Quiero ir a Londres con María, vamos a estudiar un poco de inglés. A la vuelta, vamos a visitar París con mi hermano, que está allí estudiando francés. Como ves, tengo un verano muy ocupado. Y tú, ¿qué vas a hacer?
Cuéntame. Un abrazo,

Santiago

2. Relaciona los planes de Santiago con las siguientes situaciones, como en el ejemplo.

Santiago va a trabajar en un hotel porque quiere ahorrar dinero.

1. Santiago va a trabajar en un hotel.　[c]
2. Va a viajar por Europa.　[ ]
3. Él y María van a ir a Londres.　[ ]
4. Van a visitar París.　[ ]
5. Su hermano está en París.　[ ]

a) quiere aprender francés.
b) quieren mejorar su inglés.
c) quiere ahorrar dinero.
d) tiene un mes de vacaciones.
e) quiere estar unos días con su hermano.

3. ¿Qué van a hacer? Utiliza los verbos del recuadro.

> ver una obra de teatro – comprar un coche
> besarse – tener un hijo – casarse – bañarse

Va a bañarse.

HABLAR

4. En parejas, di lo que vas a hacer este fin de semana. Utiliza las siguientes ideas:

a) levantarme tarde

b) limpiar la casa

c) hacer deporte

d) salir a cenar

e) leer el periódico

f) reunirme con amigos

g) ver la televisión

h) ir a pasear

5. ¿Qué va a hacer Federico con el dinero que ganó en la lotería? Relaciona las preguntas con las respuestas.

1. ¡Felicidades, Federico! ¿Cómo te sientes? ☐
2. ¿Vas a organizar una fiesta? ☐
3. ¿Qué es lo primero que te vas a comprar? ☐
4. ¿Te vas a comprar un barco? ☐
5. ¿Te vas a ir de vacaciones? ☐
6. ¿Qué le vas a regalar a tu mujer? ☐

a) No, no sé navegar.

b) Sí, voy a dar una vuelta alrededor del mundo.

c) Muchas joyas.

d) ¡De maravilla! ¡Como nunca!

e) Sí, con todos mis amigos.

f) Una casa muy grande en el campo.

ESCRIBIR

6. Imagina que eres periodista. Escribe una pequeña noticia sobre los planes de Federico.

Federico tiene grandes
planes para el futuro.
Dice que va a...
Dice que no va a...

PRONUNCIACIÓN Y ORTOGRAFÍA

Reglas de acentuación

1. Escucha las palabras siguientes y escríbelas en la columna correspondiente según el acento. **32**

> alemán – café – teléfono – cantante
> árbol – canción – examen – estudiar
> ordenador – ventana – periódico
> móvil – pintura – música

ESDRÚJULAS	LLANAS	AGUDAS
teléfono	cantante	alemán
_____	_____	_____
_____	_____	_____
_____	_____	_____
_____	_____	_____

Reglas de acentuación

a) Las palabras **agudas** llevan tilde cuando terminan en vocal, *n* o *s*.

b) Las palabras **llanas** llevan tilde cuando terminan en consonante diferente de *n* o *s*.

c) Las palabras **esdrújulas** llevan tilde siempre.

2. Escucha y escribe las tildes que faltan. **33**

1. Andres me llamo por telefono para saludarme.
2. Barbara trabaja en una empresa de informatica en Mexico.
3. Yo estudie decoracion en Milan.
4. Antes Raul vivia cerca de aqui, pero ahora esta viviendo en Valencia.
5. Aqui hace mas calor que alli.
6. Ella es mas guapa que el.
7. Los telefonos moviles son muy comodos.
8. Esta casa es mas centrica que tu piso.

10
C

✓ Autoevaluación

1. Relaciona.

1. Estos zapatos son nuevos, por eso [c]
2. Juan lleva dos pendientes ☐
3. Los futbolistas cuidan especialmente ☐
4. Uso guantes ☐
5. Ana lleva varios anillos ☐
6. Cuando cojo mucho peso ☐

a) me duelen los brazos
b) sus piernas
c) me duelen los pies
d) porque tengo frío en las manos
e) en cada oreja
f) en los dedos

2. Completa el texto con el pretérito imperfecto de los verbos entre paréntesis.

Marisa y Alfredo se casaron la semana pasada. Ahora viven juntos en Madrid, pero antes de conocerse, cuando ellos (1) *eran* (ser) jóvenes, los dos (2)_____ (vivir) en distintas ciudades. Marisa (3)_____ (trabajar) con un grupo de teatro infantil y (4)_____ (estudiar) en la universidad. Alfredo (5)_____ (hacer) películas con un grupo de aficionados y (6)_____ (escribir) magníficos guiones. Un día, cuando los dos (7)_____ (ir) a un festival de cine, se conocieron y, desde entonces, ya no se separan nunca.

3. Subraya el verbo más adecuado.

1. Ayer *fui / iba* a ver a Jacinto.
2. Cuando Luis *tenía / tuvo* diez años, *jugaba / jugó* al fútbol todos los sábados.
3. Antes me *gustaba / gustó* la música rock, pero ahora me *gustaba / gusta* la música romántica.
4. Elena y Emilio antes no *tuvieron / tenían* hijos y ahora tienen dos.

5. Elena y Emilio *iban / fueron* a París el año 2002.
6. Mi marido *jugó / jugaba* al baloncesto cuando *era / fue* joven.
7. Yo no fumo, pero antes *fumé / fumaba* mucho.

4. Escribe las preguntas sobre planes para el próximo fin de semana.

1. ¿Tú / estudiar?
   ¿Vas a estudiar?
2. ¿Vosotros / ir al cine?
   _____
3. ¿Lorenzo / escuchar música?
   _____
4. ¿Tu novio / comprar ropa?
   _____
5. ¿Tú / navegar por Internet?
   _____
6. ¿Vosotros / hacer los ejercicios de español?
   _____
7. ¿Ellos / ir al fútbol?
   _____

5. Escucha al grupo de música *Los Escorpiones* hablando con su *manager* y contesta las preguntas. **34**

1. ¿Cuándo va a estar el nuevo disco de *Los Escorpiones* en el mercado?
2. ¿Cuándo van a empezar la gira?
3. ¿Van a hacer su propia página web?
4. ¿Qué van a hacer en septiembre?
5. ¿Quién va a cantar con ellos en el concierto?

😊 😐 ☹️ *Soy capaz de...*

☐☐☐ *Hablar de enfermedades.*

☐☐☐ *Expresar hábitos en el pasado.*

☐☐☐ *Hablar de planes e intenciones.*

10 D

De acá y de allá

LOS INCAS, PUEBLO DEL SOL

A. En el siglo xv, los incas vivían en la montaña, en el corazón de los Andes. Hablaban una lengua llamada quechua y tenían un gran imperio.

B. Cuzco, la capital del imperio, se levantaba a 3.200 m de altitud. Estaba rodeada de montañas y protegida por una fortaleza. Para los incas, Cuzco era el centro del mundo.

C. Los incas creían en dioses como el Sol, la Luna y el Trueno. Pero también adoraban montañas, lagos o plantas.

D. Las casas eran de piedra, con tejados de hierba seca y una sola habitación. Dentro, los incas comían en cuclillas. Por la noche dormían envueltos en mantas.

E. Los incas construyeron una importante red de caminos empedrados. En las laderas abruptas tallaban escalones en la roca. Y para cruzar los precipicios, hacían puentes colgantes con cuerdas vegetales.

F. Se calcula que en el imperio vivían ocho millones de personas. Los campesinos cultivaban la tierra y cuidaban rebaños de llamas. Los artesanos fabricaban objetos de cerámica y tejidos.

Reportero Doc n.º 41, Bayard Revistas

1. Relaciona los siguientes títulos con los párrafos A-F.

El imperio inca.	A
Un pueblo religioso.	☐
La ciudad imperial.	☐
Casas sencillas.	☐
Constructores de carreteras hábiles.	☐
Campesinos y artesanos.	☐

2. Corrige las siguientes afirmaciones.

1. Los incas hablaban español.
   Los incas hablaban quechua.
2. Los campesinos vivían del comercio.
3. Los incas adoraban a un solo dios.
4. Vivían en grandes casas de madera.
5. En la época de los incas, no había vías de comunicación.
6. Cuzco está al nivel del mar.

Actividades en pareja
Estudiante A

1. GENTE FAMOSA (U. 1)

A. Pregunta a B la información sobre los números 1, 3, 5, 7, 9.

¿Cómo se llama el número 1? ¿De dónde es? ¿A qué se dedica?

1

2

Ricky Martin.
Puertorriqueño.
Cantante.

3

4

Nelson Mandela.
Surafricano.
Presidente.

5

6

Sara Baras.
Española.
Bailaora.

7

8

Lucrecia.
Cubana.
Cantante.

9

B. Responde a B la información sobre los números 2, 4, 6 y 8.

Se llama Ricky Martin. Es puertorriqueño. Es cantante.

2. DATOS PERSONALES (U. 1)

A. Pregunta a B para completar la ficha.

Nombre _____
Apellido _____
Domicilio _____
Ciudad _____
Teléfono _____

B. Lee esta información y responde a las preguntas de B.

Me llamo Julia Rodríguez y vivo en Valencia, en la calle del Mar, 12. Mi número de teléfono es el 693 568 220

3. ¿DÓNDE ESTÁN LAS LLAVES? (U. 2)

A. Pregunta a B dónde están los objetos de los recuadros.

¿Dónde están las gafas?

 gafas
 zapatillas deportivas
 CD
 bolígrafo
 cuaderno
 agenda

B. Responde a B dónde están sus objetos.

El móvil está al lado del ordenador.

4. GUSTOS (U. 5)

A. Pregunta a B sobre sus gustos.

¿Te gusta el chocolate?
¿Te gustan los deportes?

	Mucho	Bastante	No mucho	Nada
El chocolate				
Tomar el sol				
Los deportes				
Los gatos				
Los coches				
Ver la tele				
Leer				
La fruta				

B. Responde a B las preguntas sobre tus gustos.

Sí, mucho / Sí, bastante / No mucho / No, nada.

5. EN EL HOTEL (U. 4)

A. Pregunta a B la información sobre el hotel Miramar y completa el cuadro.

a) ¿En qué planta está:
   – la peluquería
   – la discoteca
   – la boutique
   – la piscina
   – el comedor para desayunar?

¿En qué planta está la peluquería?

b) Pregunta los precios de las habitaciones.
   ¿Cuánto cuesta la habitación doble/individual?

c) Pregunta el horario de las comidas.
   ¿A qué hora se puede desayunar?

HOTEL MIRAMAR

Quinta planta _____
Cuarta planta _____
Tercera planta _____
Segunda planta _____
Primera planta _____
Planta baja   **RECEPCIÓN**
Sótano   **PARKING**

PRECIOS:
Habitación individual: _____
Habitación doble: _____

COMIDAS:
Desayunos: de _____ a 11 h
Comidas: de _____ a _____ h
Cenas: de _____ a _____ h

B. Responde a las preguntas de B sobre el hotel Embajador.

HOTEL EMBAJADOR

Quinta planta   **CAFETERÍA**
Cuarta planta   **SALÓN DE BAILE**
Tercera planta   **SAUNA Y GIMNASIO**
Segunda planta   **RESTAURANTE**
Primera planta   **SALÓN DE CONFERENCIAS**
Planta baja   **RECEPCIÓN**
Sótano   **PARKING**

PRECIOS:
Habituación individual: 100 €
Habitación doble: 145 €

COMIDAS:
Desayunos: de 7.30 a 10.30 h
Comidas: de 13 a 15 h
Cenas: de 20 a 23 h

6. ¿HAY UNA FARMACIA? (U. 8)

A. Explica a B dónde está cada establecimiento.

La farmacia está en la calle Colombia, al lado del quiosco.

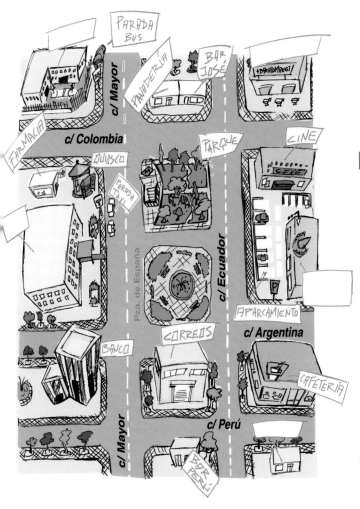

B. Escucha a B y señala dónde están los establecimientos en su plano.

7. ¿QUÉ HICISTE AYER? (U. 8)

A. Encuentra en la clase a alguien que hizo ayer estas cosas. Pregunta a varios compañeros.

¿Te levantaste antes de las 8?
¿Desayunaste café con leche?
¿Fuiste al supermercado?

1. Se levantó antes de las 8 _____
2. Desayunó café con leche _____
3. Fue al supermercado _____
4. Leyó un periódico _____
5. Comió fuera de su casa _____
6. Fue al gimnasio _____
7. Vio un partido de fútbol _____
8. Vio una película _____
9. Vio las noticias de la tele _____
10. Navegó por Internet _____
11. Habló por teléfono con sus padres _____
12. Cenó una ensalada _____
13. Se acostó antes de las once _____

8. HÁBITOS DE SALUD (U. 9)

A. Dicta y escucha el dictado de tu compañero para completar el texto sobre la salud.

Para tener buena _____ _____ _____ cuidarse.
Todos sabemos cuáles _____ _____ _____ _____
saludables: comer frutas y _____, _____ _____
_____ carne, no fumar ni beber _____,
_____ _____ _____ ___ días, beber mucha
_____, _____ _____ _____, _____.
Por otro lado, también es _____ _____ _____
_____ con la gente: salir ___ ___ _____, _____
_____, sobre todo, reírse mucho.

9. TRABALENGUAS

A. Dicta estos trabalenguas a B.

a) *Si Pancha plancha con cuatro planchas, con cuatro planchas, Pancha plancha.*

b) *Pablito clavó un clavito. ¿Qué clavito clavó Pablito?*

c) *Si cien cenicientas encienden cien cirios, cien mil cenicientas encenderán cien mil cirios.*

B. Apréndelos de memoria y dilos rápidamente.

Actividades en pareja
Estudiante B

1. GENTE FAMOSA (U. 1)

A. Responde a A la información sobre los números 1, 3, 5, 7, 9.

El número 1 se llama Isabel Allende.
Es chilena. Es escritora.

1

Isabel Allende.
Chilena.
Escritora.

2

3

Ronaldo.
Brasileño.
Futbolista.

4

5

Belmonte.
Español.
Torero.

6

7

Gloria Estefan.
Cubana.
Cantante.

8

9

Joane Somarriba.
Española.
Ciclista.

B. Pregunta a A la información sobre los números 2, 4, 6 y 8.

¿Cómo se llama el número 2?

2. DATOS PERSONALES (U. 1)

A. Lee esta información y responde a las preguntas de A.

Me llamo Ernesto Domínguez y vivo en Barcelona, en la calle Balmes, 18. Mi número de teléfono es el 933 672 895.

B. Pregunta a A para completar la ficha.

Nombre _____
Apellido _____
Domicilio _____
Ciudad _____
Teléfono _____

3. ¿DÓNDE ESTÁN LAS LLAVES? (U. 2)

A. Responde a A dónde están los objetos.

Las gafas están encima de la silla.

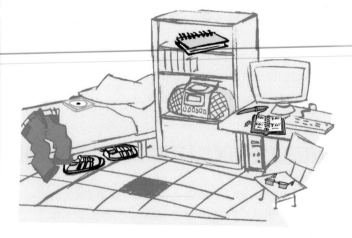

 móvil   calcetines   diccionario   flauta   caja   llaves

B. Pregunta a A dónde están los objetos de los recuadros.

¿Dónde está el móvil?

4. GUSTOS (U. 5)

A. Responde a A.

Sí, mucho / Sí, bastante / No mucho / No, nada.

B. Pregunta a A sobre sus gustos:

¿Te gusta viajar? / ¿Te gustan los perros?

	Mucho	Bastante	No mucho	Nada
Viajar				
La música clásica				
Los perros				
Las motos				
Navegar en Internet				
Jugar al fútbol				
Andar				
Hablar				
Los niños				

5. EN EL HOTEL (U. 4)

HOTEL MIRAMAR

Quinta planta	PISCINA
Cuarta planta	PELUQUERÍA
Tercera planta	BOUTIQUE
Segunda planta	COMEDOR DESAYUNOS
Primera planta	DISCOTECA
Planta baja	RECEPCIÓN
Sótano	PARKING

PRECIOS:
Habitación individual: 45 €
Habitación doble: 60 €

COMIDAS:
Desayunos: de 8 a 11 h
Comidas: de 2 a 4 h
Cenas: de 8 a 11 h

A. Responde a las preguntas de A sobre el hotel Miramar.

B. Pregunta a A la información sobre el hotel Embajador y completa el cuadro.

a) ¿Dónde está…
– el salón de baile
– la sauna y el gimnasio
– el restaurante
– la cafetería
– el salón de conferencias?

¿En qué planta está el salón de baile?

b) Pregunta los precios de las habitaciones.
¿Cuánto cuesta la habitación individual / doble?

c) Pregunta los horarios de las comidas.
¿A qué hora se puede desayunar / comer / cenar?

HOTEL EMBAJADOR

Quinta planta _____
Cuarta planta _____
Tercera planta _____
Segunda planta _____
Primera planta _____
Planta baja _____
Sótano _____

PRECIOS:
Habituación individual: ____
Habitación doble: ____

COMIDAS:
Desayunos: de ____ a ____ h
Comidas: de ____ a ____ h
Cenas: de ____ a ____ h

6. ¿HAY UNA FARMACIA? (U. 8)

A. Escucha a A y señala donde están los establecimientos en el plano.

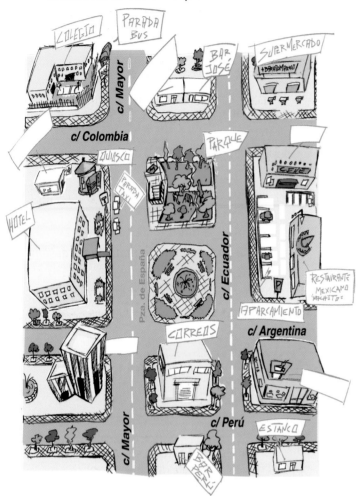

B. Explica a B dónde están los establecimientos en tu plano.

El supermercado está en la calle Colombia, enfrente del cine.

7. ¿QUÉ HICISTE AYER? (U. 8)

A. Encuentra en la clase a alguien que hizo ayer estas cosas. Pregunta a varios compañeros.

¿Te levantaste antes de las 8?
¿Desayunaste café con leche?
¿Fuiste al supermercado?

1. Se levantó antes de las 8 _____
2. Desayunó café con leche _____
3. Fue al supermercado _____
4. Leyó un periódico _____
5. Comió fuera de su casa _____
6. Fue al gimnasio _____
7. Vio un partido de fútbol _____
8. Vio una película _____
9. Vio las noticias de la tele _____
10. Navegó por Internet _____
11. Habló por teléfono con sus padres _____
12. Cenó una ensalada _____
13. Se acostó antes de las once _____

8. HÁBITOS DE SALUD (U. 9)

A. Dicta y escucha el dictado de tu compañero para completar el texto sobre salud.

_____ _____ _____ salud es necesario _____.
_____ _____ _____ son los hábitos más
_____: _____ _____ __ verduras, no comer
mucha _____, __ _____ __ _____ alcohol,
hacer ejercicio todos los _____, _____ _____
agua, dormir la siesta, etcétera.
_____ _____ _____, _____ ____ importante
tener buenas relaciones ____ __ _____: _____
con los amigos, hablar y, _____ _____, reírse
mucho.

9. TRABALENGUAS

A. Dicta estos trabalenguas a A.

a) *Pedro Pérez Pacheco, pintor, pinta preciosos paisajes por poco precio para personas pobres.*

b) *Perejil comí, perejil cené, y de tanto perejil, me emperejilé.*

c) *En un plato plano de plata con la pata un pato aplasta la pasta.*

B. Apréndelos de memoria y dilos rápidamente.

Referencia gramatical y léxico útil

UNIDAD 1

GRAMÁTICA

1. Verbo *ser*.

Presente del verbo Ser	
yo	soy
tú	eres
él/ella/Vd.	es
nosotros/as	somos
vosotros/as	sois
ellos/ellas/Vdes.	son

▶ Usamos el verbo **ser** para identificarnos, hablar de la nacionalidad y de la profesión.

Esta es Pilar
Pilar es española
Pilar es azafata

2. Género de los nombres.

▶ Los nombres de las cosas tienen género masculino o femenino:

el libro   la ventana

▶ Los nombres de las personas y animales tienen género masculino y femenino.

el gato   la gata
el profesor   la profesora
el hombre   la mujer

▶ En el caso de los nombres de profesión:

a) Si el masculino termina en **-o**, cambia por **-a**:
   abogado   abogada

b) Si el masculino termina en consonante, añade **-a**:
   pintor   pintora

c) Si el masculino termina en **-e**, puede quedar igual o cambiar por **-a**.
   el estudiante   la estudiante
   el presidente   la presidenta

d) Si el masculino termina en **-ista**, no cambia.
   el taxista   la taxista

3. Género de los adjetivos.

▶ Los adjetivos tienen el mismo género que el nombre al que se refieren:

El profesor es simpático.   La profesora es simpática.

▶ En el caso de los adjetivos de nacionalidad:

a) Si el masculino termina en **-o**, el femenino termina en **-a**:
   brasileño   brasileña

b) Si el masculino termina en **consonante**, el femenino añade **-a**:
   alemán   alemana

c) Si el masculino termina en **-a, -e, -í,** no cambia:
   belga / belga, canadiense / canadiense,
   marroquí / marroquí.

4. Verbos regulares. Presente.

Tenemos tres conjugaciones (1.ª, 2.ª, 3.ª), según la terminación del infinitivo: **-ar, -er, -ir**.

Trabajar	Comer	Vivir
trabaj**o**	com**o**	viv**o**
trabaj**as**	com**es**	viv**es**
trabaj**a**	com**e**	viv**e**
trabaj**amos**	com**emos**	viv**imos**
trabaj**áis**	com**éis**	viv**ís**
trabaj**an**	com**en**	viv**en**

5. Pronombres personales sujeto.

▶ Tenemos 10 pronombres personales sujeto:

> yo, tú, él, ella, usted (Vd.), nosotros, nosotras,
> vosotros, vosotras, ellos, ellas, ustedes (Vdes.).

▶ Estos pronombres no se utilizan siempre, sólo
cuando queremos distinguir bien entre diferentes
sujetos.

6. Tú / usted, vosotros / ustedes.

▶ Usamos **tú** y **vosotros** cuando hablamos con
conocidos, amigos y personas de igual o inferior
rango.

▶ Usamos **usted** y **ustedes** cuando hablamos con
desconocidos, personas mayores y de mayor rango.

▶ En América Latina se usa **ustedes** en lugar de
vosotros y en algunos países **vos** en lugar de **tú**.

LÉXICO ÚTIL

Gentilicios

> alemán/a – andaluz/a – brasileño/a
> catalán/a – estadounidense – francés/a
> inglés/a – japonés/a – marroquí
> mexicano/a

Profesiones

> ama de casa – actriz – camarero/a
> cantante – cartero/a – ciclista – escritor/a
> estudiante – futbolista – médico/a
> policía – peluquero/a – profesor/a
> secretario/a – taxista – torero

Números

0 cero	7 siete	14 catorce
1 uno	8 ocho	15 quince
2 dos	9 nueve	16 dieciséis
3 tres	10 diez	17 diecisiete
4 cuatro	11 once	18 dieciocho
5 cinco	12 doce	19 diecinueve
6 seis	13 trece	20 veinte

UNIDAD 2

GRAMÁTICA

1. Plural de los nombres.

▶ Si el singular termina en vocal (excepto *í*), el plural
se forma añadiendo una **-s**:

Un libro   dos libros

▶ Si el singular termina en consonante, se añade **-es**:

un hotel   dos hoteles
un lápiz   dos lápices

2. Adjetivos posesivos.

Sujeto	Posesivos	
	Singular	**Plural**
yo	mi	mis
tú	tu	tus
él/ella/Vd.	su	sus

Los adjetivos posesivos concuerdan en número con el nombre al que acompañan.

*Esta es **mi hermana** y estos son **mis padres.***

3. Verbo *estar*.

Presente del verbo Estar

yo	estoy
tú	estás
él/ella/Vd.	está
nosotros/as	estamos
vosotros/as	estáis
ellos/ellas/Vds.	están

LÉXICO ÚTIL

Preposiciones de lugar

El móvil está…

al lado del libro

debajo del libro

encima del libro

delante de los libros

detrás de los libros

entre el libro y la lámpara

Familia

abuelo/a/os/as – padre/s – madre
hijo/a/os/as – primo/a/os/as – tío/a/os/as
marido – mujer – hermano/a/os/as

Estado civil

soltero/a/os/as – casado/a/os/as
divorciado/a/os/as

La clase

bolígrafo – cuaderno – diccionario
lápiz – libro – mapa – mesa – silla
televisión – ventana

Números

20 veinte	90 noventa
21 veintiuno	100 cien
22 veintidós	101 ciento uno
23 veintitrés	200 doscientos/as
24 veinticuatro	300 trescientos/as
25 veinticinco	400 cuatrocientos/as
26 veintiséis	500 quinientos/as
27 veintisiete	600 seiscientos/as
28 veintiocho	700 setecientos/as
29 veintinueve	800 ochocientos/as
30 treinta	900 novecientos/as
31 treinta y uno	1.000 mil
40 cuarenta	1.105 mil ciento cinco
50 cincuenta	1.500 mil quinientos
60 sesenta	1.940 mil novecientos cuarenta
70 setenta	2.001 dos mil uno
80 ochenta	5.000 cinco mil

UNIDAD 3

GRAMÁTICA

1. Verbos reflexivos.

Levantar(se)

yo	**me**	levanto
tú	**te**	levantas
él/ella/Vd.	**se**	levanta
nosotros/as	**nos**	levantamos
vosotros/as	**os**	levantáis
ellos/ellas/Vds.	**se**	levantan

▶ Los pronombres reflexivos se usan con verbos que expresan acciones que el sujeto realiza sobre sí mismo: *lavarse, ducharse, peinarse, afeitarse,* etcétera.

▶ Cuando la acción del sujeto no se realiza sobre sí mismos estos verbos no llevan pronombre:

María se lava la cara.
María lava la ropa.

▶ Tenemos otros verbos que se utilizan con estos pronombres, aunque no son reflexivos: *llamarse, quedarse, casarse,* etcétera.

2. Verbos irregulares en presente.

Verbos con irregularidades vocálicas

Empezar	Volver	Acostarse
e>ie	**o>ue**	**o>ue**
empiezo	vuelvo	me acuesto
empiezas	vuelves	te acuestas
empieza	vuelve	se acuesta
empezamos	volvemos	nos acostamos
empezáis	volvéis	os acostáis
empiezan	vuelven	se acuestan

Otros verbos irregulares

Ir	Venir
voy	vengo
vas	vienes
va	viene
vamos	venimos
vais	venís
van	vienen

3. Preposiciones.

Rosa se levanta a las 7.
Carlos sale de casa a las 8.
Yo trabajo desde las 8 hasta las 3.
Yo no trabajo por la tarde.
Ella termina su trabajo a las 5 de la tarde.
Ellos van a trabajar en autobús.
Rosa vuelve a su casa a las 4.
Mi jefe trabaja de 8 de la mañana a 8 de la tarde.

LÉXICO ÚTIL

Verbos de acciones cotidianas

> levantarse – desayunar – ducharse
> afeitarse – empezar – estudiar – terminar
> trabajar – peinarse – comer
> cenar – acostarse

Verbos de movimiento

> salir – ir – venir – entrar – llegar – volver

Desayunos

> café – leche – té – mantequilla
> mermelada – zumo – huevo – queso – bollos
> bocadillo – tostada

tostada con mantequilla y mermelada | café | zumo de naranja | bocadillo

UNIDAD 4

GRAMÁTICA

1. Ordinales.

1.º / 1.ª primero/a	6.º / 6.ª sexto/a
2.º / 2.ª segundo/a	7.º / 7.ª séptimo/a
3.º / 3.ª tercero/a	8.º / 8.ª octavo/a
4.º / 4.ª cuarto/a	9.º / 9.ª noveno/a
5.º / 5.ª quinto/a	10.º / 10.ª décimo/a

▶ Los ordinales se usan, por ejemplo, para nombrar los pisos de una casa y el número de orden en un grupo:

Mi amigo vive en el cuarto piso.
Luis siempre llega el primero.

▶ Los ordinales concuerdan en género y número con el sustantivo al que acompañan:

Mi clase está en la segunda planta.
Mañana salen los primeros discos de este grupo.

▶ Los ordinales **primero** y **tercero** pierden la **-o** delante de un nombre masculino singular:

*Estudio **tercer**(o) curso de Inglés.*
*Vivo en el **primer**(o) piso.*

2. Artículos.

	Determinados		Indeterminados	
	Para algo que conocemos		Para algo que mencionamos por primera vez	
	Masc.	**Fem.**	**Masc.**	**Fem.**
Sing.	el	la	un	una
Pl.	los	las	unos	unas

▶ Los artículos determinados se usan:

• Cuando hablamos de algo que conocemos:
*Cierra **la** ventana.*

• Con la hora:
*Son **las** cinco.*

• Con los días de la semana:
***Los** viernes vamos al cine.*

▶ Los artículos indeterminados se usan:

• Cuando mencionamos algo por primera vez:
*Tengo **un** coche nuevo.*

• Con el verbo **haber**:
*¿Dónde hay **una** silla?*

3. *Hay / está(n).*

▶ Se utiliza *hay* para hablar de la existencia o no de personas, animales, lugares y objetos.

***Hay** vasos en la cocina.*

▶ Con *hay*, a los nombres nunca les pueden acompañar los artículos determinados.

*En mi pueblo no **hay** (la) universidad.*

▶ Se utiliza *está(n)* para indicar un lugar.

*La leche **está** en la nevera.*
*¿Dónde **están** mis libros?*

Mamá, no hay leche.

LÉXICO ÚTIL

Cosas de la casa

armario – ascensor – espejo
frigorífico/nevera – sillón – lavabo
lámpara – microondas – llave
cocina – cuarto de baño
dormitorio/habitación – salón/comedor
garaje – jardín – piscina – patio

¿Dónde?

derecha – izquierda – arriba – abajo

UNIDAD 5

GRAMÁTICA

1. Verbo *gustar*.

(A mí)	me		el cine
(A ti)	te	**gusta**	la música
(A él/ella/Vd.)	le		viajar
(A nosotros/as)	nos		
(A vosotros/as)	os	**gustan**	los deportes
(A ellos/ellas/Vds.)	les		las plantas

▶ El verbo *gustar* se utiliza en la tercera persona del singular o del plural, dependiendo del sujeto gramatical.

*Me **gustan** tus ojos.*
*No les **gusta** el gazpacho.*

2. Imperativo (verbos regulares).

	Cortar	Comer	Abrir
tú	corta	come	abre
Vd.	corte	coma	abra

▶ El imperativo se usa para dar instrucciones y órdenes.

Corta la lechuga en trozos pequeños.
Abre la puerta, por favor.
Abre el libro, Peter.

LÉXICO ÚTIL

Comida básica

> arroz – pan – carne – ensalada
> pescado – fruta – huevos – queso
> patatas – sal – azúcar

Bebidas

> agua – cerveza – refresco – vino – zumo

Actividades de tiempo libre

> bailar – escuchar música – hacer deportes
> navegar en Internet – ir al teatro – andar
> ir de compras – ir a la discoteca
> montar en bicicleta – viajar

UNIDAD 6

GRAMÁTICA

1. Imperativos irregulares.

▶ Los verbos en imperativo tienen la misma irregularidad que en presente.

Infinitivo	Presente	Imperativo
cerrar	cierro	cierra, cierre
dormir	duermo	duerme, duerma
sentarse	me siento	siéntate, siéntese

Otros irregulares

poner	pongo	pon, ponga
decir	digo	di, diga
venir	vengo	ven, venga
hacer	hago	haz, haga
ir(se)	voy	vete, váyase
salir	salgo	sal, salga

▶ Se usa el imperativo:

• Para dar instrucciones o consejos:

*Primero **eche** una cucharada de sal, luego **hierva** el arroz durante…*
*Si te duele la cabeza, **toma** una pastilla y **acuéstate**.*

• Hacer peticiones o dar órdenes, especialmente seguido de "*por favor*".

***Habla** más despacio, por favor.*
Siéntese, por favor.
*¡**Ven** aquí ahora mismo!*

Toma este vaso de leche y acuéstate.

2. *Ser/Estar.*

Ser

▶ Se usa para describir características o cualidades de algo o de alguien: tamaño, color, carácter, etcétera.

*Luis **es** alto y delgado.*
*Su casa **es** pequeña.*
*Su coche **es** rojo.*
*Luis **es** muy simpático.*

▶ Expresa también nacionalidad, profesión, posesión:
*Mary **es** inglesa.*
*¿Ellos **son** médicos?*
*Ese libro no **es** mío.*

Estar

▶ Expresa lugar o posición:

*El colegio **está** en la C/ Velázquez.*
*La parada de autobús **está** enfrente de mi casa.*

▶ Sirve para expresar también estados de salud o de ánimo:

*Clara **está** enferma, tiene gripe.*
*Hoy **estoy** muy contenta.*

▶ Con los adverbios **bien** y **mal** siempre usamos **estar**.

*Este ejercicio **está** (es) mal.*

LÉXICO ÚTIL

Transportes

billete – autobús – metro – tren
línea de metro – viaje – estación – parada

Adjetivos

tranquilo – ruidoso – céntrico
rápido – frío – lento – malo – pequeño
fácil – difícil – bueno

Adverbios

cerca – lejos – bien – mal

UNIDAD 7

GRAMÁTICA

1. Gerundio de verbos regulares.

Infinitivo	Gerundio
llorar	llor**ando**
comer	com**iendo**
escribir	escrib**iendo**

2. Gerundio de verbos irregulares.

leer	leyendo
dormir	durmiendo

3. Estar + gerundio.

estoy
estás
está
estamos   hablando
estáis
están

***Estar* + gerundio** suele expresar acciones que se están desarrollando en el momento en que se habla.

¿Qué estás haciendo?
Estoy leyendo el periódico.

4. Estar + gerundio (verbos reflexivos).

Estoy lavándome o me estoy lavando.
Estás lavándote o te estás lavando.
Está lavándose o se está lavando.
Estamos lavándonos o nos estamos lavando.
Estáis lavándoos u os estáis lavando.
Están lavándose o se están lavando.

LÉXICO ÚTIL

Verbos de actividades

leer el periódico

jugar a las cartas

lavarse

dormir

bañarse

pintar

Descripción de personas

> Pelo: rubio – moreno – largo – corto.
> Ojos: claros – oscuros – marrones – verdes.
> Es: mayor – joven – alto – bajo
> delgado – gordo.
> Lleva: barba – bigote – gafas.

Carácter

> simpático – antipático – tacaño
> generoso – hablador – serio – alegre
> educado – callado

UNIDAD 8

GRAMÁTICA

1. Pretérito indefinido.

	Trabajar	Comer	Salir
yo	trabaj**é**	com**í**	sal**í**
tú	trabaj**aste**	com**iste**	sal**iste**
él/ella/Vd.	trabaj**ó**	com**ió**	sal**ió**
nosotros/as	trabaj**amos**	com**imos**	sal**imos**
vosotros/as	trabaj**asteis**	com**isteis**	sal**isteis**
ellos/ellas/Vds.	trabaj**aron**	com**ieron**	sal**ieron**

2. Pretérito indefinido de los verbos *ir* y *estar*.

	Ir	Estar
yo	fui	estuve
tú	fuiste	estuviste
él/ella/Vd.	fue	estuvo
nosotros/as	fuimos	estuvimos
vosotros/as	fuisteis	estuvisteis
ellos/ellas/Vds.	fueron	estuvieron

▶ El pretérito indefinido expresa acciones acabadas en un momento determinado del pasado.

*Ayer **trabajé** mucho.*
*El verano pasado **estuve** en Cancún.*

LÉXICO ÚTIL

Establecimientos

> farmacia – iglesia – museo – comisaría
> oficina de correos – quiosco – mercado
> estanco

Objetos

> medicinas – cartas – periódico
> sellos – tabaco

Estaciones del año

> la primavera – el verano
> el otoño – el invierno

Meses del año

> enero – febrero – marzo – abril – mayo
> junio – julio – agosto – septiembre – octubre
> noviembre – diciembre

El tiempo

> llover – llueve – está lloviendo
> nevar – nieva – está nevando
> hace frío – hace (mucho) calor
> hace viento – está nublado

está lloviendo   está nublado   está nevando

hace viento

hace frío

hace mucho calor

GRAMÁTICA

1. Demostrativos (adjetivos y pronombres).

Demostrativos (adjetivos y pronombres)			
Singular		**Plural**	
Masculino	**Femenino**	**Masculino**	**Femenino**
este	esta	estos	estas
ese	esa	esos	esas
aquel	aquella	aquellos	aquellas

Pronombres demostrativos (neutro)

esto	eso	aquello

▶ Los adjetivos demostrativos van delante del nombre y concuerdan con él en género y número:

Este coche es de mi vecino.
Esas chicas son muy simpáticas.

▶ Los pronombres demostrativos *esto, eso, aquello* nunca van con el nombre. Se refieren a una idea o a algo de lo que no sabemos el género:

Esto no me gusta nada.
*¿Qué es **aquello** que se ve en el cielo?*

▶ El uso de uno u otro pronombre nos indica la cercanía o lejanía del objeto señalado:

Este coche (cerca del hablante, aquí)
Ese coche (cerca del oyente, ahí)
Aquel coche (lejos de los dos, allí)

2. Pronombres de complemento directo.

Sujeto	Objeto
yo	me
tú	te
él/ella/Vd.	lo/la/le
nosotros/as	nos
vosotros/as	os
ellos/ellas/Vds.	los/las/les

> *¿Compramos **las flores**? = ¿**Las** compramos?*
> *Hoy no he visto a **tu padre**. = Hoy no **lo/le** he visto.*
> *¿Sabes que vendo **mi casa**? = ¿Sabes que **la** vendo?*

▶ Normalmente, los pronombres personales de objeto directo van delante del verbo y separados:

Te quiero.

▶ Pero con el imperativo afirmativo van detrás y unidos al verbo:

¡Mírame!
Cómpralo, por favor.

▶ Con algunas construcciones pueden ir delante o detrás.

La puerta está abierta,
*¿puedes cerrar**la**? = ¿**la** puedes cerrar?*

3. Concordancia del nombre y los adjetivos de color.

▶ Los adjetivos concuerdan en género y número con el nombre al que se refieren.

*¿Puedo coger **el bolígrafo rojo**?*
*Tengo **unos pantalones marrones**.*

Singular		Plural	
masc.	**fem.**	**masc.**	**fem.**
blanc**o**	blanc**a**	blanc**os**	blanc**as**
verd**e**	verd**e**	verd**es**	verd**es**
azul	azul	azul**es**	azul**es**

▶ Los adjetivos de color terminados en **-a** (**rosa, naranja, fucsia**) no cambian.

Me gusta el vestido (de color) fucsia.
Me gusta mucho ese abrigo naranja.

4. Comparativos.

Comparativos

más + adjetivo + *que*
Juan es más simpático que Pedro.

menos + adjetivo + *que*
Pedro es menos simpático que Juan.

tan + adjetivo + *como*
Juan (no) es tan alto como Pedro.

Comparativos irregulares

bueno	**mejor / mejores + que**

Esta película es mejor que esa.

malo	**peor / peores + que**

*Esos pasteles son **peores que** estos.*

grande	**mayor / mayores + que**

Yo soy mayor que ella.

pequeño	**menor / menores + que**

Sus hijos son menores que los míos.

Mayor y **menor** se refieren sobre todo a la edad, no al tamaño.

*Mi hermano **mayor** es arquitecto.*
*Él es el **menor** de sus hermanos.*
*Su casa es **más grande** que la mía.*
*Mi ciudad es **más pequeña** que la tuya.*

LÉXICO ÚTIL

Ropa y complementos

Anillo

Camisa

Camiseta

Cartera

Collar

Corbata

Falda

Gafas

Jersey

Medias

Pendientes

Vaqueros

Zapatillas
deportivas

Zapatos

Adjetivos

blanco – negro – verde – rojo – rosa amarillo – morado – azul – naranja

caro – barato – formal – informal práctico – incómodo – limpio – sucio elegante

UNIDAD 10

GRAMÁTICA

1. Verbo *doler*.

(A mí)	me	
(A ti)	te	
(A él/ella/Vd.)	le	**duele** la cabeza
(A nosotros/as)	nos	**duelen** los oídos
(A vosotros/as)	os	
(A ellos/ellas/Vds.)	les	

El verbo **doler**, al igual que el verbo **gustar**, se utiliza en la tercera persona del singular o del plural, según sea el sujeto.

¿Te duele la cabeza?
A Ana le duelen los oídos.

2. Pretérito imperfecto de los verbos regulares.

	Viajar	Tener	Salir
yo	viaj**aba**	ten**ía**	sal**ía**
tú	viaj**abas**	ten**ías**	sal**ías**
él/ella/Vd.	viaj**aba**	ten**ía**	sal**ía**
nosotros/as	viaj**ábamos**	ten**íamos**	sal**íamos**
vosotros/as	viaj**abais**	ten**íais**	sal**íais**
ellos/ellas/Vds.	viaj**aban**	ten**ían**	sal**ían**

3. Pretérito imperfecto de los verbos irregulares.

	Ir	Ser	Ver
yo	iba	era	veía
tú	ibas	eras	veías
él/ella/Vd.	iba	era	veía
nosotros/as	íbamos	éramos	veíamos
vosotros/as	ibais	erais	veíais
ellos/ellas/Vds.	iban	eran	veían

▶ Usamos el pretérito imperfecto para expresar acciones habituales en el pasado.

*Cuando **éramos** jóvenes, **íbamos** a la discoteca.*
*Ahora no salimos, pero antes **salíamos** mucho.*

▶ También se usa para describir en el pasado:

*Mi profesor de matemáticas **era** simpático y nunca nos **castigaba**.*

4. *Ir a* + infinitivo.

yo	voy a	
tú	vas a	
él/ella/Vd.	va a	
nosotros/as	vamos a	estudiar
vosotros/as	vais a	
ellos/ellas/Vds.	van a	

Con **ir a** + infinitivo expresamos planes e intenciones.

*Este fin de semana **vamos a ir** al teatro.*

LÉXICO ÚTIL

El cuerpo humano

brazo – cabeza – cara – cuello – dedos
espalda – estómago – garganta – hombro
mano – oído – oreja – pecho – pie
pierna – rodilla

Cuando éramos jóvenes salíamos todos los fines de semana, pero ahora no salimos tanto.

Verbos regulares e irregulares

VERBOS REGULARES

TRABAJAR

Presente	Pretérito indefinido	Pretérito imperfecto	Imperativo	Gerundio
trabajo	trabajé	trabajaba		trabajando
trabajas	trabajaste	trabajabas	trabaja	
trabaja	trabajó	trabajaba	trabaje	
trabajamos	trabajamos	trabajábamos		
trabajáis	trabajasteis	trabajabais	trabajad	
trabajan	trabajaron	trabajaban	trabajen	

BEBER

bebo	bebí	bebía		bebiendo
bebes	bebiste	bebías	bebe	
bebe	bebió	bebía	beba	
bebemos	bebimos	bebíamos		
bebéis	bebisteis	bebíais	bebed	
beben	bebieron	bebían	beban	

ESCRIBIR

escribo	escribí	escribía		escribiendo
escribes	escribiste	escribías	escribe	
escribe	escribió	escribía	escriba	
escribimos	escribimos	escribíamos		
escribís	escribisteis	escribíais	escribid	
escriben	escribieron	escribían	escriban	

VERBOS IRREGULARES

CERRAR

Presente	Pretérito indefinido	Pretérito imperfecto	Imperativo	Gerundio
cierro	cerré	cerraba		cerrando
cierras	cerraste	cerrabas	cierra	
cierra	cerró	cerraba	cierre	
cerramos	cerramos	cerrábamos		
cerráis	cerrasteis	cerrabais	cerrad	
cierran	cerraron	cerraban	cierren	

DAR

Presente	Pretérito indefinido	Pretérito imperfecto	Imperativo	Gerundio
doy	di	daba		dando
das	diste	dabas	da	
da	dio	daba	dé	
damos	dimos	dábamos		
dais	disteis	dabais	dad	
dan	dieron	daban	den	

DECIR

Presente	Pretérito indefinido	Pretérito imperfecto	Imperativo	Gerundio
digo	dije	decía		diciendo
dices	dijiste	decías	di	
dice	dijo	decía	diga	
decimos	dijimos	decíamos		
decís	dijisteis	decíais	decid	
dicen	dijeron	decían	digan	

ESTAR

Presente	Pretérito indefinido	Pretérito imperfecto	Imperativo	Gerundio
estoy	estuve	estaba		estando
estás	estuviste	estabas	está	
está	estuvo	estaba	esté	
estamos	estuvimos	estábamos		
estáis	estuvisteis	estabais	estad	
están	estuvieron	estaban	estén	

HACER

Presente	Pretérito indefinido	Pretérito imperfecto	Imperativo	Gerundio
hago	hice	hacía		haciendo
haces	hiciste	hacías	haz	
hace	hizo	hacía	haga	
hacemos	hicimos	hacíamos		
hacéis	hicisteis	hacíais	haced	
hacen	hicieron	hacían	hagan	

IR

Presente	Pretérito indefinido	Pretérito imperfecto	Imperativo	Gerundio
voy	fui	iba		yendo
vas	fuiste	ibas	ve	
va	fue	iba	vaya	
vamos	fuimos	íbamos		
vais	fuisteis	ibais	id	
van	fueron	iban	vayan	

OÍR

Presente	Pretérito indefinido	Pretérito imperfecto	Imperativo	Gerundio
oigo	oí	oía		oyendo
oyes	oíste	oías	oye	
oye	oyó	oía	oiga	
oímos	oímos	oíamos		
oís	oísteis	oíais	oíd	
oyen	oyeron	oían	oigan	

PEDIR

Presente	Pretérito indefinido	Pretérito imperfecto	Imperativo	Gerundio
pido	pedí	pedía		pidiendo
pides	pediste	pedías	pide	
pide	pidió	pedía	pida	
pedimos	pedimos	pedíamos		
pedís	pedisteis	pedíais	pedid	
piden	pidieron	pedían	pidan	

PODER

Presente	Pretérito indefinido	Pretérito imperfecto	Imperativo	Gerundio
puedo	pude	podía		pudiendo
puedes	pudiste	podías	puede	
puede	pudo	podía	pueda	
podemos	pudimos	podíamos		
podéis	pudisteis	podíais	poded	
pueden	pudieron	podían	puedan	

PONER

Presente	Pretérito indefinido	Pretérito imperfecto	Imperativo	Gerundio
pongo	puse	ponía		poniendo
pones	pusiste	ponías	pon	
pone	puso	ponía	ponga	
ponemos	pusimos	poníamos		
ponéis	pusisteis	poníais	poned	
ponen	pusieron	ponían	pongan	

QUERER

Presente	Pretérito indefinido	Pretérito imperfecto	Imperativo	Gerundio
quiero	quise	quería		queriendo
quieres	quisiste	querías	quiere	
quiere	quiso	quería	quiera	
queremos	quisimos	queríamos		
queréis	quisisteis	queríais	quered	
quieren	quisieron	querían	quieran	

SABER

Presente	Pretérito indefinido	Pretérito imperfecto	Imperativo	Gerundio
sé	supe	sabía		sabiendo
sabes	supiste	sabías	sabe	
sabe	supo	sabía	sepa	
sabemos	supimos	sabíamos		
sabéis	supisteis	sabíais	sabed	
saben	supieron	sabían	sepan	

SALIR

Presente	Pretérito indefinido	Pretérito imperfecto	Imperativo	Gerundio
salgo	salí	salía		saliendo
sales	saliste	salías	sal	
sale	salió	salía	salga	
salimos	salimos	salíamos		
salís	salisteis	salíais	salid	
salen	salieron	salían	salgan	

SEGUIR

Presente	Pretérito indefinido	Pretérito imperfecto	Imperativo	Gerundio
sigo	seguí	seguía		siguiendo
sigues	seguiste	seguías	sigue	
sigue	siguió	seguía	siga	
seguimos	seguimos	seguíamos		
seguís	seguisteis	seguíais	seguid	
siguen	siguieron	seguían	sigan	

SER

Presente	Pretérito indefinido	Pretérito imperfecto	Imperativo	Gerundio
soy	fui	era		siendo
eres	fuiste	eras	sé	
es	fue	erais	sea	
somos	fuimos	éramos		
sois	fuisteis	erais	sed	
son	fueron	eran	sean	

TENER

Presente	Pretérito indefinido	Pretérito imperfecto	Imperativo	Gerundio
tengo	tuve	tenía		teniendo
tienes	tuviste	tenías	ten	
tiene	tuvo	tenía	tenga	
tenemos	tuvimos	teníamos		
tenéis	tuvisteis	teníais	tened	
tienen	tuvieron	tenían	tengan	

VENIR

Presente	Pretérito indefinido	Pretérito imperfecto	Imperativo	Gerundio
vengo	vine	venía		viniendo
vienes	viniste	venías	ven	
viene	vino	venía	venga	
venimos	vinimos	veníamos		
venís	vinisteis	veníais	venid	
vienen	vinieron	venían	vengan	

VER

Presente	Pretérito indefinido	Pretérito imperfecto	Imperativo	Gerundio
veo	vi	veía		viendo
ves	viste	veías	ve	
ve	vio	veía	vea	
vemos	vimos	veíamos		
veis	visteis	veíais	ved	
ven	vieron	veían	vean	

VOLVER

Presente	Pretérito indefinido	Pretérito imperfecto	Imperativo	Gerundio
vuelvo	volví	volvía		volviendo
vuelves	volviste	volvías	vuelve	
vuelve	volvió	volvía	vuelva	
volvemos	volvimos	volvíamos		
volvéis	volvisteis	volvíais	volved	
vuelven	volvieron	volvían	vuevan	

Transcripciones

UNIDAD 0

6. Pista 4

R-O-M-E-R-O
D-Í-A-Z
G-O-N-Z-A-L-V-O
R-I-B-E-R-A
G-I-M-É-N-E-Z
P-A-D-Í-N

UNIDAD 1

A. ¡Encantado!

4. Pista 7

LUIS:	¡Hola, Eva!, ¿qué tal?
EVA:	Bien, ¿y tú?
LUIS:	Muy bien. Mira, este es Roberto, un compañero nuevo.
EVA:	¡Hola! ¡Encantada! ¿De dónde eres?
ROBERTO:	Soy cubano.

C. ¿Cuál es tu número de teléfono?

2. Pista 11

1. uno / 3. tres / 6. seis / 8. ocho / 9. nueve.

4. Pista 12

UNO
A. María, ¿cuál es tu número de teléfono?
B. El 936 547 832
A. ¿Puedes repetir?
B. 9 3 6 5 4 7 8 3 2.
A. Gracias.

DOS
A. Jorge, ¿me das tu teléfono?
B. Sí, es el 945 401 832.
A. Gracias.

TRES
A. Marina, ¿cuál es tu número de teléfono?
B. Mi móvil es el 686 52 61 36
A. ¿Y el de tu casa?
B. Sí, es el 91 539 82 67.
A. Vale, gracias.

CUATRO
A. Información, dígame.
B. ¿Puede decirme el teléfono del aeropuerto de Barajas?
A. Sí, tome nota, es el 902 353 570
B. ¿Puede repetir?
A. Sí, 9 0 2 3 5 3 5 7 0.
B. Gracias.

CINCO
A. Información, dígame.
B. ¿Puede decirme el teléfono de la Cruz Roja?
A. Sí, tome nota, es el 9 1 5 3 3 6 6 6 5.
B. ¿Puede repetir?
A. Sí, 9 1 5 3 3 6 6 6 5.

SEIS
A. Información, dígame.
B. Buenos días, ¿puede decirme el teléfono de Radio-taxi?
A. Tome nota, por favor.
    El número solicitado es: 9 1 4 0 5 1 2 1 3. El número solicitado es 9 1 4 0 5 1 2 1 3.

7. Pista 14

15	1	4	20	8	7
3	11	5	6	14	9
18	19	2	13	16	

8. Pista 15

FELIPE: ¡Buenas tardes!

ROSA: ¡Hola!, ¿qué deseas?

FELIPE: Quiero apuntarme al gimnasio.

ROSA: Tienes que darme tus datos. A ver, ¿cómo te llamas?

FELIPE: Felipe Martínez.

ROSA: ¿Y de segundo apellido?

FELIPE: Franco.

ROSA: ¿Dónde vives?

FELIPE: En la calle Goya, número ochenta y siete, tercero izquierda.

ROSA: ¿Teléfono?

FELIPE: 686 055 097

ROSA: ¿Profesión?

FELIPE: Profesor.

ROSA: Bueno, ya está; el precio es…

D. Autoevaluación

3. Pista 16

Uno: Martínez; dos: Romero; tres: Marín; cuatro: Serrano; cinco: López; seis: Moreno; siete: Jiménez; ocho: Pérez; nueve: Díaz; diez: Martín; once: Vargas; doce: García; trece: Díez.

UNIDAD 2

C. ¿Qué hora es?

2. Pista 19

Las doce y cinco

Las ocho menos veinte

Las doce y diez

Las cinco y media

La una menos cuarto

7. Pista 20

24. veinticuatro / 40. cuarenta / 70. setenta / 90. noventa/ 300. trescientos/as / 400. cuatrocientos/as.

8. Pista 21

2. Dos

25. Veinticinco

50. Cincuenta

37. Treinta y siete

323. Trescientos veintitrés

135. Ciento treinta y cinco

850. Ochocientos cincuenta

1.589 Mil quinientos ochenta y nueve

1.998 Mil novecientos noventa y ocho

1.985 Mil novecientos ochenta y cinco

9. Pista 22

DIÁLOGO 1

PROFESORA: ¡Hola!, Clara, ¿cuántos años tienes?

CLARA: Doce.

DIÁLOGO 2

CLIENTE: ¿Cuánto son las naranjas?

DEPENDIENTE: Uno con diez.

DIÁLOGO 3

CLIENTE: ¿Cuánto es el paquete de café?

DEPENDIENTE: Uno treinta.

DIÁLOGO 4

MUJER: ¿En qué año nació usted?

HOMBRE: En mil novecientos cuarenta y siete.

DIÁLOGO 5

1ª PERSONA: ¿Por favor, cuántos kilómetros hay entre Madrid y Barcelona?

2ª PERSONA: Seiscientos cincuenta.

DIÁLOGO 6

CLIENTE: Por favor, ¿cuánto es el café y la cerveza?

CAMARERO: Tres euros.

D. Autoevaluación

5. Pista 25

SALIDAS:

– El tren Altaria exprés, situado en el andén n.º 3 con destino Zaragoza, efectuará su salida a las 15.35.

– El tren Talgo con destino Málaga, situado en el andén n.º 6 saldrá dentro de 15 minutos, a las 14.30.
– El AVE con destino Sevilla sale a las diez en punto del andén n.º 2.

LLEGADAS:
– El AVE procedente de Sevilla tiene su llegada a las 20 horas en el andén n.º 11.
– El Alaris procedente de Valencia efectuará su entrada por el andén n.º 8 a las 16.45 horas.
– El tren Talgo procedente de Vigo hará su entrada en el andén n.º 4 a las 17 horas.

UNIDAD 3

A. Rosa se levanta a las siete

4. Pista 26

A. Y tú, Juan, ¿a qué hora te levantas?
B. Bueno, yo me levanto pronto, a las siete, más o menos, me ducho rápidamente, tomo un café y salgo de casa.
A. Y tu mujer, ¿a qué hora se levanta?
B. Pues a las siete y media.
A. ¿Y tus hijos?
B. Bueno, ellos se levantan a las ocho, se duchan, desayunan y se van al colegio, porque entran a las nueve.
A. ¿Y los días de fiesta también os levantáis todos temprano?
B. ¡Ah, no, ni hablar, los domingos nos levantamos a las diez, porque claro, el sábado nos acostamos más tarde.

C. ¿Qué desayunas?

4. Pista 28

1. A: Olga, ¿qué se desayuna en Rusia?
   OLGA: Bueno, generalmente tomamos un bocadillo de pan negro, mantequilla y queso. Y para beber, té, café o café con leche.

2. A: Rabah, ¿qué se desayuna en Siria?
   RABAH: La gente toma té verde y pan con aceite y aceitunas negras. También toman mucho queso fresco con aceite. Algunos toman café con leche, claro.

3. A: Yi, ¿qué desayuna la gente en China?
   YI: China es muy grande, pero en el sur se toma una sopa de arroz con algo parecido a los churros. Los niños toman leche de soja. En el norte algunas personas toman leche de vaca o yogur, sobre todo los jóvenes. También se toman unas empanadas al vapor.

4. A: Philip, ¿qué se toma en Alemania para desayunar?
   PHILIPP: Hay muchas cosas. Algunos toman pan con mantequilla y salami y un huevo. Otros toman müesli con yogur. Y té, mucha gente toma té. Algunos toman café, claro

4. Pista 31

guapo
cigarrillos
guitarra
gafas
pagar
guerra
Guatemala
goma

D. Autoevaluación

6. Pista 32

A: Adriana, tú eres argentina, ¿no?
ADRIANA: Sí, claro.

A: ¿Y de qué ciudad?

ADRIANA: De Buenos Aires

A: Cuéntame un poco los horarios habituales… por ejemplo, ¿a qué hora os levantáis?

ADRIANA: Pues mira, nos levantamos muy temprano, a las cinco y media o las seis, porque el trabajo está lejos... y, bueno, normalmente empezamos a trabajar a las ocho...

A: ¿Y hasta qué hora trabajáis?

ADRIANA: Hasta las seis... sí, en las oficinas hasta las seis de la tarde, paramos una hora para comer, entre las doce y las dos, comemos algo rápido y, ya, volvemos al trabajo.

A: ¿Y en las tiendas?

ADRIANA: Bueno, el horario de las tiendas es distinto, abren también sobre las ocho de la mañana y cierran a las ocho o las nueve de la noche, y no cierran a mediodía, ¿eh?, no es como en España. Ah, y los bancos también tienen otro horario, abren a las diez y cierran a las tres, y por la tarde ya no abren.

A: Y una cosa, Adriana, cuando la gente sale del trabajo, ¿va directamente a su casa?

ADRIANA: Sí, sí, eso es lo normal, vamos a casa, tenemos otra hora más para volver, claro, cenamos entre las ocho y las nueve y media, y no nos acostamos tarde, sobre las once más o menos.

A: Oye, ¿y los niños? ¿Qué horario tienen en el colegio?

ADRIANA: Pues, mira, estudian sólo o por la mañana o por la tarde, creo que es de ocho a doce en el turno de la mañana y de una a cinco los que estudian por la tarde.

UNIDAD 4

A. ¿Dónde vives?

4. Pista 34

A: Manu, ¿cómo es tu piso?

MANU: Mi piso es muy pequeño, porque vivo solo. Tiene un dormitorio, un salón comedor pequeño, una cocina y un cuarto de baño, que está al lado del dormitorio.

A: ¿Nada más?

MANU: Bueno, tengo una terraza grande y ahí tengo muchas plantas.

9. Pista 36

A: ¿Sería tan amable de indicarme dónde vive el Sr. González?

B: En el 4.º derecha.

A: Muchas gracias.

A: ¿Me podría decir dónde vive doña Manuela Rodríguez?

B: En el 2.º izquierda.

A: Gracias.

A: ¿En qué piso vive la señorita Herrero?

B: En el 3.º A

A: ¿Me podría enviar este paquete a mi domicilio en la Avda. del Mediterráneo, 5, 6.º B?

B: Por supuesto, señor Acedo.

A: ¿El señor de la Fuente, por favor?

B: Es el inquilino del ático.

A: Muchas gracias.

A: ¿Vive aquí la señorita Laura Barroso?

B: Sí, es la hija de los vecinos del 5.º E.

B. Interiores

6. Pista 37

A: Inverpiso, ¿Dígame?

B: Buenos días. Llamo para informarme sobre los chalés anunciados en el periódico de ayer.

A: Con mucho gusto. Mire, el primero está en la calle Alonso Cano. Tiene 138 metros cuadrados. Hay cuatro dormitorios en la planta de arriba y dos baños, calefacción individual y ascensor. El segundo es una casa de tres plantas en

Torrelodones. Tiene 311 metros cuadrados, con jardín y piscina. Hay un salón comedor y un baño en la planta baja , y 5 dormitorios y otros 2 cuartos de baño en la planta superior. El garaje es para 2 coches.

El tercer chalé está en una urbanización en Pozuelo. Tiene 300 metros cuadrados construidos en 2 plantas. Tiene un amplio salón y 4 dormitorios. Hay un cuarto de baño en cada planta. Los materiales son de primera calidad. Hay piscina comunitaria.

El último es un piso en Moratalaz de 70 metros cuadrados con 3 dormitorios. La cocina está en el salón y hay un baño completo.

C. En el hotel

2. Pista 38

Escucha y completa el diálogo:

RECEPCIONISTA: Parador de Córdoba, ¿dígame?

CARLOS: Buenas tardes. ¿Puede decirme si hay habitaciones libres para el próximo fin de semana?

RECEPCIONISTA: Sí. ¿Qué desea, una habitación individual o doble?

CARLOS: Una doble, por favor. ¿Qué precio tiene?

RECEPCIONISTA: 100 euros por noche más IVA.

CARLOS: De acuerdo. Hágame la reserva, por favor.

RECEPCIONISTA: ¿Cuántas noches?

CARLOS: Viernes y sábado, si es posible.

RECEPCIONISTA: No hay problema.

CARLOS: ¿Hay piscina?

RECEPCIONISTA: Sí, señor, hay una.

CARLOS: ¿Admiten tarjetas de crédito?

RECEPCIONISTA: Sí, por supuesto.

4. Pista 39

RECEPCIONISTA: ¿Me dice su nombre y apellidos, por favor?

CARLOS: Carlos López Ruiz.

RECEPCIONISTA: ¿Dirección?

CARLOS: Calle de Velázquez n.º 66, en Madrid

RECEPCIONISTA: ¿Número de teléfono, por favor?

CARLOS: 91 569 88 47

RECEPCIONISTA: Entonces, una habitación doble para las noches del viernes y sábado, ¿no es así?

CARLOS: Sí, correcto, muchas gracias. Hasta el viernes.

RECEPCIONISTA: ¡Hasta el viernes! Buenas tardes.

UNIDAD 5

A. Comer fuera de casa

2. Pista 42

CAMARERO: Buenos días, señores, ¿qué quieren comer?

JUAN: De primer plato nos pone un gazpacho para mí y una ensalada para la señora.

CAMARERO: ¿Y de segundo?

TERESA: ¿La carne es de ternera?

CAMARERO: Sí, señora. Es muy buena.

TERESA: Entonces, me pone carne con tomate. ¿Y tú, Juan?

JUAN: Yo prefiero unos huevos con chorizo.

CAMARERO: ¿Y para beber?

JUAN: El vino de la casa y una botella de agua, por favor.

CAMARERO: Muy bien, muchas gracias.

CAMARERO: Y de postre, ¿qué desean?

JUAN: Para mí, unas natillas.

TERESA: Pues, yo quiero arroz con leche.

CAMARERO: Enseguida se lo traigo, muchas gracias.

B. ¿Te gusta el cine?

3. Pista 44

Mi marido y yo siempre tenemos problemas para decidir qué hacer durante el fin de semana. A mí me gusta ir al cine los viernes, y el sábado por la mañana ir de compras. Por el contrario, a mi marido le gusta pasar el fin de semana en el campo: andar, hacer deporte... El domingo por la tarde, lo que más le gusta es ver un partido de fútbol por la tele, mientras yo navego por Internet. Durante la semana lo tenemos más fácil: a los dos nos gusta leer y oír música en nuestro tiempo libre.

C. Receta del Caribe

4. Pista 45

Queridos amigos y amigas, hoy vamos a hacer un delicioso refresco de plátano. Bueno, ¿estáis preparados? Aquí van los ingredientes: en primer lugar vamos a necesitar 3 plátanos y una taza de leche. Como el refresco será sólo para cuatro personas, vamos a utilizar únicamente un cuarto de taza de azúcar y un cuarto de taza de zumo de limón y, por último, media cucharadita de vainilla y ocho cubitos de hielo. Y ahora, para su elaboración, sigue las siguientes instrucciones:
Primero, pela los plátanos y córtalos en rodajas.
A continuación, mezcla los plátanos, la leche, el azúcar, el zumo de limón y la vainilla en una batidora.
Añade los cubitos de hielo y mézclalos con los otros ingredientes.
Reparte la mezcla en cuatro vasos.
Finalmente, invita a tus amigos.

7. Pista 46

Casi todas las piñas de los supermercados son de Hawai, pero los cultivadores originales son los indios de Cuba y Puerto Rico.

Es cierto que hay una variedad de maní que procede de Georgia, pero sus cultivadores originales son los indios de Bolivia y Perú.

Los italianos preparan una deliciosa salsa de tomate, pero los cultivadores originarios del tomate son los indios de México.

El Ecuador es el mayor productor de plátanos del mundo, pero los plátanos son de origen africano.

Llegaron a América porque los españoles los introdujeron.

El Brasil es el mayor productor de café del mundo, pero el café es también de origen africano y también llegó a América porque los españoles lo introdujeron.
Las patatas son muy populares en Irlanda, pero proceden originalmente de Perú y Ecuador.

Pronunciación y ortografía

4. Pista 49

Yo vivo en Barcelona.
Este batido tiene vainilla.
Camarero, un vaso de agua, por favor.
A Isabel le gusta viajar y bailar tangos.
Beber agua es muy bueno.

UNIDAD 6

A. ¿Cómo se va a Plaza de España?

3. Pista 50

SERGIO:	Perdone, queremos dos billetes de metro, por favor.
TAQUILLERO:	¿Sencillos o de diez viajes?
SERGIO:	Bueno, mejor uno de 10 viajes. ¿Cuánto es?
TAQUILLERO:	6 euros.
SERGIO:	Perdone, ¿puede decirme cómo se va a Plaza de España?
TAQUILLERO:	Pues desde aquí es muy fácil, coja usted la línea 8 hasta Nuevos Ministerios y cambie a la línea 10 en dirección Puerta del Sur. La sexta estación es Plaza de España.
SERGIO:	Muchas gracias. ¿Puede darme un plano del metro?
TAQUILLERO:	Sí, claro, tome.

B. Cierra la ventana, por favor

4. Pista 52

JEFE: Sr. Hernández, puede venir a mi oficina, por favor?

HERNÁNDEZ: Sí, claro.

HERNÁNDEZ: ¿Se puede?

JEFE: Sí, sí, pase y cierre la puerta, por favor... Siéntese. Tengo una reunión en el banco el próximo lunes y necesito la información de su departamento.

HERNANDEZ: No hay problema, está todo preparado.

JEFE: Bien, haga el informe antes del lunes y ponga todos los datos de este año.

C. Mi barrio es tranquilo

Pronunciación y ortografía

2. Pista 54

1. Roma, 2. Inglaterra, 3.Perú, 4. cartero,
5. compañero, 6. rosa, 7. pizarra, 8. terraza, 9. armario.

UNIDAD 7

A. ¿Dónde quedamos?

4. Pista 2

ALICIA: ¿Sí?

BEGOÑA: ¿Está Alicia?

ALICIA: Sí, soy yo.

BEGOÑA: ¡Hola! Soy Begoña.

ALICIA: ¿Hola! ¿Qué hay?

BEGOÑA: Voy a salir de compras esta tarde. ¿Vienes conmigo?

ALICIA: Lo siento, hoy no puedo, tengo mucho trabajo. Mejor mañana.

BEGOÑA: Bueno, vale. ¿A qué hora? ¿Te parece bien a las seis?

ALICIA: Sí, de acuerdo.

BEGOÑA: Hasta mañana.

B. ¿Qué estás haciendo?

4. Pista 4

1. A. Rosa, ¿qué estás haciendo?
   B. Ahora mismo estoy peinándome porque voy a salir.

2. A. ¡Luis, al teléfono!
   B. No puedo, estoy duchándome.

3. A. Niños, ¿qué hacéis?
   B. Nada, mamá, nos estamos lavando las manos.

4. A. ¡Qué ruido hacen los vecinos!
   B. Sí, están levantándose ahora porque salen de viaje.

5. A. ¡Hola!, ¿está Roberto?
   B. Sí, pero está afeitándose, llama más tarde.

6. A. ¿Y clara?, ¿dónde está?
   B. En el baño, está duchándose.

7. A. Joana, ¿qué haces?
   B. Me estoy pintando para salir.

Pronunciación y ortografía

2. Pista 6

1. Claudia Schiffer es bastante fea, ¿verdad?
2. ¿Vamos al cine?
3. Mira qué bolso me he comprado.
4. Tengo un piso nuevo.
5. Bueno, me voy, ¡hasta luego!
6. Hay paella para comer.
7. Mira la tele, cuántas noticias malas.

3. Pista 7

1. Claudia Schiffer es bastante fea, ¿verdad?
   ¡Qué va!

2. ¿Vamos al cine?
   Vale, estupendo.

3. Mira qué bolso me he comprado.
   ¡Qué bonito!

4. Tengo un piso nuevo.
   ¡Qué bien!

5. Bueno, me voy, ¡hasta luego!
   ¡Hasta luego!

6. Hay paella para comer.
   ¡Qué bien! ¡Estupendo!

7. Mira la tele, cuántas noticias malas.
   ¡Es horrible!

C. ¿Cómo es?

2. Pista 8

1. Tiene el pelo largo y rubio. Tiene los ojos verdes y la piel clara. ¡No tiene bigote!

2. Tiene los ojos oscuros. Tiene el pelo corto y la barba negra.

3. Pista 9

Tiene el pelo largo y moreno, los ojos oscuros y la piel clara. No lleva gafas.
Es un famoso tenista mallorquín.

Tiene el pelo corto y moreno. Tiene los ojos oscuros y la piel morena.
No tiene barba. Juega al fútbol en el Real Madrid.

Tiene el pelo corto y rubio. Tiene los ojos azules y la piel clara.
Es la reina de España.

Tiene el pelo largo y rubio, los ojos oscuros y la piel clara.
También es futbolista.

10. Pista 10

Guantanamera

Guantanamera,
Guajira guantanamera
Guantanamera,
Guajira guantanamera

Yo soy un hombre sincero
De donde crece la palma
Yo soy un hombre sincero
De donde crece la palma
Y antes de morirme quiero
Echar mis versos del alma

Guantanamera,
Guajira guantanamera
Guantanamera,
Guajira guantanamera

Mi verso es de un verde claro
Y de un jazmín encendido
Mi verso es de un verde claro
Y de un jazmín encendido
Mi verso es un ciervo herido
Que busca en el monte amparo

Guantanamera,
Guajira guantanamera
Guantanamera,
Guajira guantanamera

Por los pobres de la tierra
Quiero yo mi suerte echar
Por los pobres de la tierra
Quiero yo mi suerte echar
El arrullo de la tierra
Me complace más que el mar

Guantanamera,
Guajira guantanamera
Guantanamera,
Guajira guantanamera

Guantanamera,
Guajira guantanamera
Guantanamera,
Guajira guantanamera

A. De vacaciones

5. Pista 12

a) Desde el hotel:

    A. Perdone, ¿puede decirme dónde está la farmacia más cercana?

    B. Salga por la calle de Santo Domingo, gire la primera a la izquierda y, después, la primera a la izquierda.

b) Desde la iglesia de San Francisco:

    A. Por favor, ¿puede decirme cómo se va a la iglesia de Santa Teresa?

    B. Siga todo recto y gire la segunda a la derecha, y después tome la calle Nueva Alta.

B. ¿Qué hizo Rosa ayer?

5. Pista 13

Ayer, como todos los días, me levanté a las siete de la mañana y me preparé para ir a trabajar.

Al llegar al hospital, como todos los días, atendí a los enfermos de la consulta y visité a los pacientes de las habitaciones.

A las cinco de la tarde, como todos los días, acabé de trabajar y pasé por el supermercado a comprar algo para la cena.

A las seis de la tarde llegué por fin a casa, muy cansada, como todos los días.

Pero ayer fue diferente: mi marido me invitó a un concierto y después cenamos en mi restaurante favorito.

6. Pista 14

SOLEDAD: ¡Oh, qué semana tan terrible! Por fin de vuelta a casa.

FEDERICO: ¿Dónde estuviste?

SOLEDAD: El lunes fui a Caracas para visitar a un cliente, y el martes volamos, mi jefe y yo, a Madrid, para firmar un contrato. Estuvimos dos días de conversaciones y, al fin, lo logramos. El jueves nos fuimos a Río de Janeiro para cerrar unos asuntos pendientes y hoy por fin vuelvo a casa. Y a ti, ¿cómo te fue?

FEDERICO: Hasta el martes estuve aquí, en Buenos Aires, preparando cosas para irme al día siguiente a Lima, donde estuve trabajando dos días y aproveché para conocer esa linda ciudad. Hoy fui al aeropuerto a primera hora y terminé mi semana de trabajo. ¿Qué te parece si cenamos juntos?

SOLEDAD: Estupendo. Me parece muy buena idea.

C. ¿Qué tiempo hace hoy?

6. Pista 16

En Toledo, durante los meses de invierno (diciembre, enero y febrero) hace mucho frío y algunas veces nieva. Durante la primavera (marzo, abril y mayo), suben las temperaturas y empieza a hacer buen tiempo. En verano (junio, julio y agosto), hace mucho calor. Todos los días hace mucho sol y las temperaturas son muy altas. En otoño (septiembre, octubre y noviembre), los días son más cortos, el cielo está nublado y a veces llueve y hace viento.

8. Pista 17

Estas son las condiciones meteorológicas para el día de hoy en algunas zonas de Sudamérica. Tenemos tiempo inestable en Brasil, con fuertes lluvias y bajas temperaturas, sobre todo en el interior, donde tenemos 8 grados centígrados en estos momentos. En la zona del Caribe, por el contrario, hace muy buen tiempo, con mucho sol y una temperatura de 22 grados centigrados. Tiempo inestable en la República de México, con fuerte viento y cielo nublado. La temperatura en la capital es de 15 grados centígrados. Próximo parte meteorológico en una hora.

D. Autoevaluación

5. Pista 18

SARA: El pasado mes de mayo, después de un año de mucho trabajo, tuve 15 días de vacaciones. Fui en tren a Galicia y me alojé en un hotel maravilloso. Pasé unos días estupendos yo sola, sin salir prácticamente de la playa.

LUCÍA: Mi sitio favorito para pasar las vacaciones es la Isla de Capri. Hace veinte años que fui por primera vez. Este verano llegué a la isla en barco, como siempre, para pasar mi mes de vacaciones con un grupo de amigos. Capri no es la misma de hace 20 años, pero sigue siendo única.

CARLOS: Tengo muy buen recuerdo de las últimas vacaciones que pasé con mi familia en Atacama, al norte de Chile; está a unos 4.000 metros de altura. Alquilamos un coche para recorrer toda la zona, uno de los desiertos más secos del mundo, con unas salinas impresionantes. Fueron unas vacaciones memorables.

UNIDAD 9

A. ¿cuánto cuestan estos zapatos?

3. Pista 20

ÁLVARO: Celia, ¿qué te parece esta camisa para mí?

CELIA: Bien. ¿Cuánto cuesta?

ÁLVARO: Sólo 60 Euros. Voy a probármela.

CELIA: Vale.

CELIA: A ver… pues no te queda bien, ¿eh?

ÁLVARO: No, no, a mí tampoco me gusta.

CELIA: Toma, pruébate esta chaqueta, es muy bonita.

ÁLVARO: A ver… pues sí, parece que me queda bien, ¿no?

CELIA: Muy bien, es tu talla.

ÁLVARO: ¿Cuánto cuesta?

CELIA: 120 euros, es un poco cara.

ÁLVARO: Bueno, me la llevo.

CELIA: Mira, ¿qué te parece este gorro? ¿Cómo me queda?

ÁLVARO: Bien, muy bien.

CELIA: Pues me lo llevo, sólo cuesta 5 euros.

DEPENDIENTE: Una chaqueta y un gorro de lana… muy bien… son 125 euros. ¿Pagan en efectivo o con tarjeta?

ÁLVARO: En efectivo.

5. Pista 25

ÉL: Voy a preparar mi maleta para el viaje, a ver… ¿qué llevo? Mira estos zapatos están bien, ¿no?

ELLA: No, para ir a la montaña, las botas son mejores que los zapatos.

ÉL: Tienes razón. ¿Llevo los vaqueros?

ELLA: No, para el frío son mejores los pantalones de pana.

ÉL: Bueno, llevo los dos y ya está.

ELLA: ¿Por qué llevas la maleta azul?

ÉL: Pues porque es mejor que la gris, tiene ruedas.

ELLA: Yo prefiero la gris, caben más cosas. Toma el paraguas, guárdalo.

ÉL: ¿El rojo? No, este es peor que el negro.

ELLA: Lo siento, el negro ya está en mi maleta.

UNIDAD 10

A. La salud

7. Pista 29

PACIENTE 1

DOCTOR: Buenos días, ¿qué le ocurre?

PACIENTE: No me siento muy bien. Creo que tengo la gripe.

DOCTOR:	Tome una aspirina cada ocho horas y beba mucho zumo de naranja.

PACIENTE 2

DOCTOR:	Buenas tardes, ¿qué problema tiene?
PACIENTE:	Me duele la garganta cuando hablo.
DOCTOR:	A ver… No está muy mal, pero tome leche con miel y no hable mucho.

PACIENTE 3

DOCTOR:	Buenos días, ¿qué le pasa?
PACIENTE:	Mire, doctor, me duele mucho el estómago desde hace días.
DOCTOR:	Vaya, pues no tome café, ni fume. Coma frutas y ensaladas. Y tome estas pastillas.

ESCORPIÓN 2:	¿Y cuándo nos vamos de gira?
MANAGER:	En diciembre vamos a dar unos conciertos por toda España y, si todo va bien, nos vamos a Sudamérica.
ESCORPIÓN 3:	¿Y vamos a salir en televisión?
MANAGER:	Claro, y también tengo preparada nuestra propia página web.
ESCORPIÓN 1:	¿Cuándo vamos a ir a Barcelona?
MANAGER:	En septiembre, antes de empezar la gira. ¿A que no sabéis quién va a cantar con vosotros?
ESCORPIÓN 2:	Ni idea.
MANAGER:	Jennifer López.
ESCORPIÓN 3:	¡Vaya sorpresa!

B. Antes salíamos con los amigos

8. Pista 31

Martina tiene 92 años. Cuando era pequeña no iba a la escuela. Vivía con su madre y sus cuatro hermanos en un pueblo pequeño del sur de España. A los ocho años, ya trabajaba en el campo con su familia. Empezaba a las seis de la mañana y acababa a las seis de la tarde. No sabía leer, ni escribir, pero tenía muchas ilusiones y planes para el futuro. A los 19 años se casó y tuvo su primer hijo.

Los fines de semana iba con su marido a vender las verduras de su huerta en los mercadillos de los pueblos vecinos. Sólo los domingos por la tarde descansaban y se reunían con sus vecinos en la plaza del pueblo.

D. Autoevaluación

5. Pista 34

MANAGER:	Este disco suena muy bien, es mejor que el otro.
ESCORPIÓN 1:	Sí, estoy de acuerdo.
MANAGER:	Va a estar en las tiendas en la próxima semana y creo, amigos míos, que va a tener gran futuro.